U0521209

儿童国学百科

谢 普 ◎ 编著

吉林出版集团股份有限公司
全国百佳图书出版单位

图书在版编目（CIP）数据

儿童国学百科 / 谢普编著. -- 长春：吉林出版集团股份有限公司，2024.1
ISBN 978-7-5731-4524-6

Ⅰ.①儿… Ⅱ.①谢… Ⅲ.①国学—儿童读物 Ⅳ.①Z126-49

中国国家版本馆CIP数据核字(2024)第004437号

儿童国学百科
ERTONG GUOXUE BAIKE

编　　著	谢　普
出 版 人	吴　强
责任编辑	尤　雷
助理编辑	江　珊
装帧设计	郑金霞
开　　本	889 mm × 1194 mm　1/16
印　　张	16
字　　数	118千字
版　　次	2024年1月第1版
印　　次	2024年4月第2次印刷
出　　版	吉林出版集团股份有限公司
发　　行	吉林音像出版社有限责任公司
	（吉林省长春市南关区福祉大路5788号）
电　　话	0431-81629679
印　　刷	天津海德伟业印务有限公司

ISBN 978-7-5731-4524-6　　定　价　188.00元

如发现印装质量问题，影响阅读，请与出版社联系调换。

目 录

蒙学篇

三字经	004
百家姓	010
千字文（节选）	014
弟子规（节选）	018
朱子家训	022
曾国藩家书	026
声律启蒙	030
龙文鞭影	034
格言联璧	040

经　篇

大　学	046
中　庸	052
论　语	054
孟　子	060
诗　经	064
尚　书	068

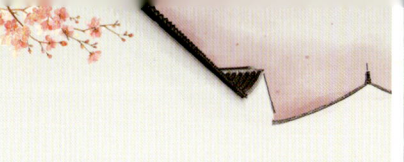

礼　记	072
周　易	080
春秋三传	088

史　篇

国　语	100
战国策	106
史　记	116
汉　书	124
后汉书	130
三国志	138
资治通鉴	146

子　篇

老　子	154
庄　子	160
管　子	166
晏子春秋	174
荀　子	178
孙子兵法	188
列　子	194
鬼谷子	198

韩非子	202
商君书	208
吕氏春秋	210

集　篇

楚　辞	216
淮南子	218
韩诗外传	224
说　苑	226
抱朴子	228
省心录	230
菜根谭	234
小窗幽记	238
围炉夜话	242

常识篇

古今溯源	246
民俗风尚	248

索　引	250

前言

国学是指中国历代的文化传承和学术记载,是以先秦的经典及诸子百家为根基,涵盖了两汉经学、魏晋玄学、隋唐佛学、宋明理学、明清实学和同时期的先秦诗赋、汉赋、六朝骈文、唐宋诗词、元曲、明清小说、历代史学等,构成了一套特有而完整的文化、学术体系。

国学传统经典中承载的"仁、义、礼、智、信、忠、孝、悌"的道德伦理观,构成了中华传统文化的核心价值体系,对于我们处理人与人、人与社会、人与自然的关系,至今仍具有现实指导意义。但国学经典繁多,又多是用文言文这种古代书面语言所著,今天读来常让人感到晦涩难懂。为了让孩子们能读懂国学经典,领悟到国学的精髓,我们以浅显易懂的现代化语言编写了这本《儿童国学百科》,力图让孩子们体悟到国学的魅力和价值。

本书按照"四库全书"的分类方法将国学经典细致地分成了六个章节,分别是蒙学篇、经篇、史篇、子篇、集篇和常识篇,这样有助于孩子们按照清晰的脉络认识国学经典,了解国学经典,领会国学精粹。同时,书中还插入了海量的精美插图,帮助孩子们更好地理解书中讲解的内容和蕴含的人生哲理。

中华优秀传统文化是中华民族五千年的智慧结晶,而国学更是其中的精粹所在。国学经典不但是汉语言文学的典范和精华,更是中华民族的精神和品格载体。学习国学经典,让孩子们从小就有了与圣贤们直接"对话"的机会,并能直接汲取圣贤们文化思想精髓的营养,也让中华优秀民族文化的血液在一代又一代人身上流淌。

就让我们借助经典,形成国学教育风气,让孩子们通过学习国学经典,砥砺品行、健全人格,成长为德行高尚、知识广博、行为优雅的人!

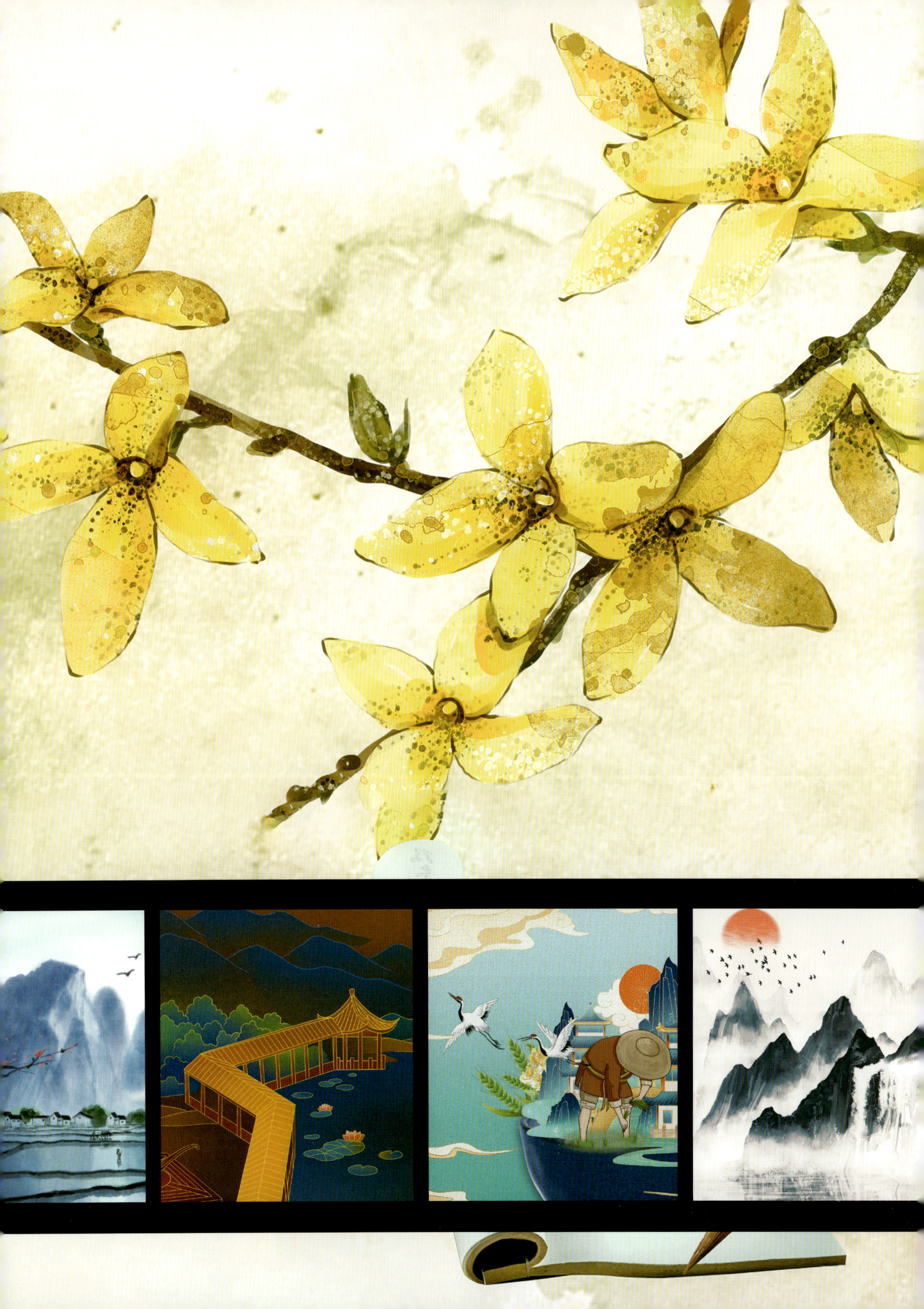

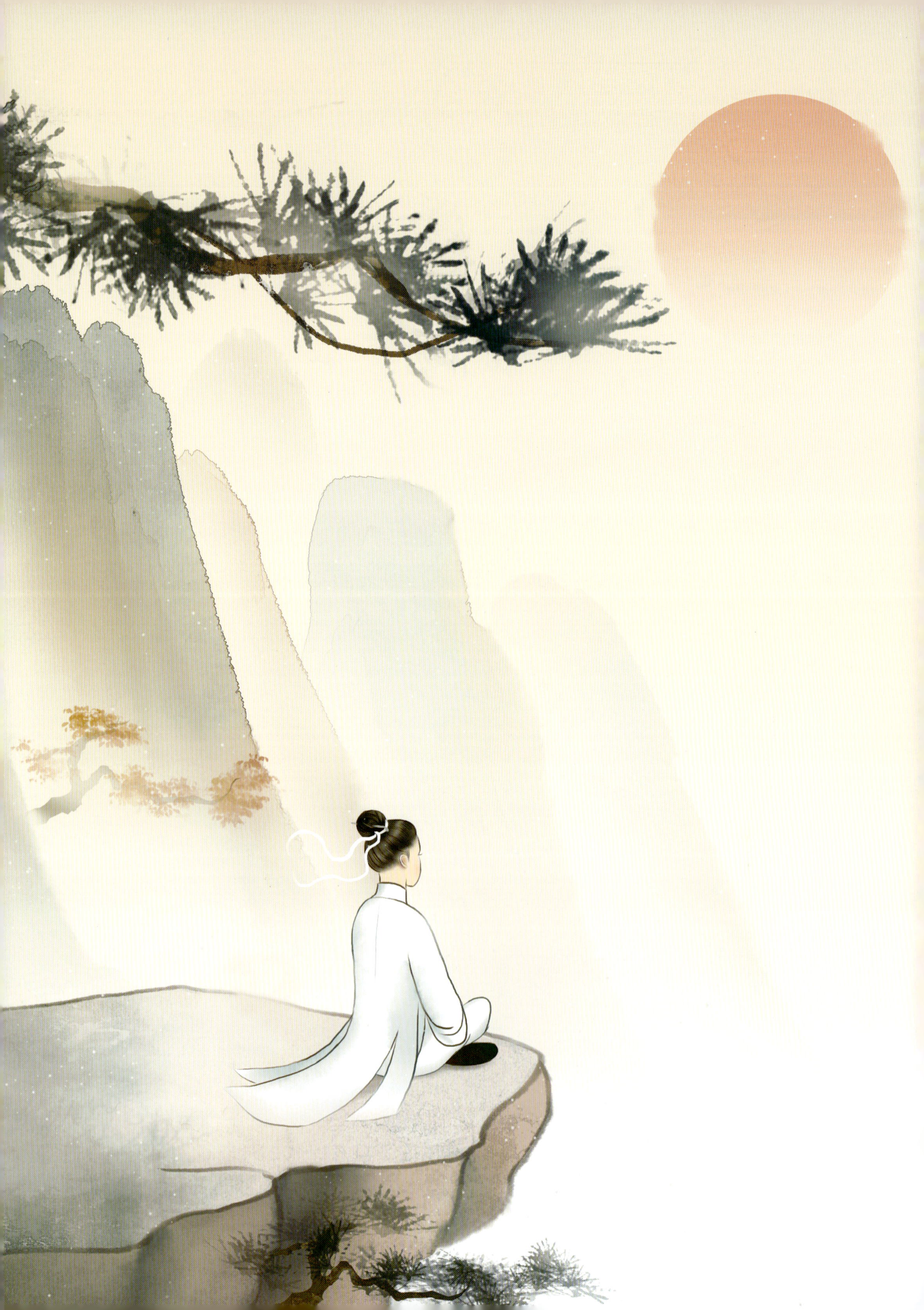

蒙学篇

三字经

《三字经》是中国古代流传最广、影响最大的蒙学读物，作者是南宋学者王应麟。《三字经》以三言韵语连缀成文，三字一句，朗朗上口，也被称为"三字歌诀"，全文千余字，却容纳了广博的内容，包括中国传统文化的文学、历史、哲学、天文地理、人伦义理、忠孝节义等。熟读《三字经》，既能了解国学常识、历史故事，又能学习做人做事的道理。

国学精粹

人之初，性本善

人之初，性本善。性相近，习相远。苟不教，性乃迁。教之道，贵以专。

释义

人在出生时，天性本是善良的。这种善良的天性彼此之间没有区别，随着后天的生活、学习环境的改变，性情才有了好与坏的差别。如果从小没有受到良好的教育，本来善良的天性就会变坏。为了使人不变坏，最重要的方法就是专心致志地教育孩子。

昔孟母，择邻处。子不学，断机杼。

释义

战国时，孟子的母亲曾三次搬家，是为了让孟子有个好的学习环境。一次孟子逃学，孟母就切断了织布的机杼来教育孟子。

窦燕山，有义方。教五子，名俱扬。

释义

五代时期的燕山人窦禹钧教育孩子很有方法，他教育出的五个儿子，都很有出息，名扬四海。

养不教，父之过。教不严，师之惰。

释义

如果只管生养了孩子而不去教育他，那就是父母失职了。如果老师教育学生不严格，那就是老师懒惰了。

读书知典

孟母三迁

孟子是战国时期的哲学家、思想家、政治家、教育家，他小时候最先是住在墓地旁边，于是就常和小伙伴玩办丧事的游戏，学大人跪拜、号哭的样子。孟母觉得那个地方不适合孩子居住，于是就带着孟子搬到了集市旁边居住。到了集市，孟子又和邻居家的小孩儿模仿商人做生意的样子，一会儿鞠躬欢迎客人，一会儿和客人讨价还价。孟母还是觉得这个地方不适合孩子居住，于是又搬到了学校附近。孟子这才开始喜欢读书，变得守秩序、懂礼貌。这时候，孟母满意地说："这才是适合孩子居住的地方！"

五子登科

后周时期，燕山府(今北京一带)有个叫窦禹钧的人，记取祖训，教导儿子们仰慕圣贤，刻苦学习，为人处世，不愧不怍。结果，他的五个儿子都品学兼优，先后登科及第。窦禹钧本人也享受八十二岁高寿，无疾而终。当朝太师冯道还特地写了首诗："燕山窦十郎，教子有义方。灵椿一株老，丹桂五枝芳。"后来世人便以"五子登科"的吉祥图案，寄托了一般人家期望子弟都能像窦家五子那样联袂获取功名。

古圣贤，尚勤学

昔仲尼，师项橐。古圣贤，尚勤学。

释义

从前，孔子听说神童项橐有学问，就向他学习。像孔子这样的圣人，都不忘刻苦学习。

披蒲编，削竹简。彼无书，且知勉。

释义

西汉时期，路温舒将借来的书抄在蒲席上，公孙弘将《春秋》刻在竹子削成的竹片上。他们两个人都很穷，买不起书，却仍知道刻苦用功学习。

头悬梁，锥刺股。彼不教，自勤苦。

释义

汉朝时的孙敬刻苦学习，为了不让自己在读书时打瞌睡，就把自己的头发用绳子系起吊在房梁上。战国时的苏秦，为了多看书，每当困意来袭的时候就拿把锥子刺自己的大腿。他们不用别人督促而自觉勤奋苦读。

如囊萤，如映雪。家虽贫，学不辍。

释义

晋朝人车胤把萤火虫放在纱袋里照明读书，孙康则利用积雪的反光来看书。他们两人家境都贫穷，却能在艰苦条件下想尽办法读书。

读书知典

囊萤映雪

晋代的一个名叫车胤的孩子，家中贫苦，没钱买灯油，又想晚上读书，于是在夏天的晚上，抓好多萤火虫装在白布袋子里，靠着微弱的萤光读书；"映雪"是晋代的孙康，在冬天的夜里，利用雪映出的光亮看书。后人便用"囊萤映雪"这个成语来形容夜以继日，苦学不倦。

古今史，全在兹

自羲农，至黄帝。号三皇，居上世。
唐有虞，号二帝。相揖逊，称盛世。
夏有禹，商有汤。周文武，称三王。
夏传子，家天下。四百载，迁夏社。
汤伐夏，国号商。六百载，至纣亡。
周武王，始诛纣。八百载，最长久。
周辙东，王纲坠。逞干戈，尚游说。
始春秋，终战国。五霸强，七雄出。
嬴秦氏，始兼并。传二世，楚汉争。
高祖兴，汉业建。至孝平，王莽篡。
光武兴，为东汉。四百年，终于献。
魏蜀吴，争汉鼎。号三国，迄两晋。
宋齐继，梁陈承。为南朝，都金陵。
北元魏，分东西。宇文周，与高齐。
迨至隋，一土宇。不再传，失统绪。
唐高祖，起义师。除隋乱，创国基。
二十传，三百载。梁灭之，国乃改。
梁唐晋，及汉周。称五代，皆有由。
炎宋兴，受周禅。十八传，南北混。
辽与金，皆称帝。元灭金，绝宋世。

奴隶社会　　　　　　封建社会

夏、商、西周、春秋　战国　秦汉　魏晋与南北朝　隋唐　宋元时期政权并立民族融合经济发展　明清
形成→发展→鼎盛→衰落　确立　发展　分裂与融合　繁荣　　衰落

前 2070 年　　前 475 年　　　　　　　　　　　　　　1840 年

```
                              先秦时期

        原始社会              奴隶社会         封建社会
                                             确立时期

    远古时代        夏朝    商朝    西周    春秋    战国

  距今约         公元前  公元前  公元前  公元前  公元前  公元前
  170万年前      2070年  1600年  1046年  771年   475年   221年

                                          东周
```

舆图广，超前代。九十年，国祚废。
太祖兴，国大明。号洪武，都金陵。
迨成祖，迁燕京。十六世，至崇祯。
权阉肆，寇如林。李闯出，神器焚。
清世祖，膺景命。靖四方，克大定。
由康雍，历乾嘉。民安富，治绩夸。
道咸间，变乱起。始英法，扰都鄙。
同光后，宣统弱。传九帝，满清殁。
革命兴，废帝制。立宪法，建民国。
古今史，全在兹。载治乱，知兴衰。

读书知典

历史朝代歌

三皇五帝始，尧舜禹相传。
夏商与西周，东周分两段。
春秋和战国，一统秦两汉。
三分魏蜀吴，两晋前后沿。
南北朝并立，隋唐五代传。
宋元明清后，皇朝至此完。

百家姓

《百家姓》是一部关于汉字姓氏的作品，也是古代蒙学使用最为广泛的读物之一。按文献记载它成书于北宋初年。全书通篇采用四言体例，句句押韵，虽然并无文理，但它不仅让孩子了解中华历史悠久的姓氏文化，也让孩子建立起自我认同，厚植家族情感，唤醒民族记忆，最终获得自己是中华民族一员的身份认同与民族自豪感。

国学精粹

单 姓

赵钱孙李，周吴郑王。冯陈褚卫，蒋沈韩杨。朱秦尤许，何吕施张。孔曹严华，金魏陶姜。戚谢邹喻，柏水窦章。云苏潘葛，奚范彭郎。鲁韦昌马，苗凤花方。俞任袁柳，酆鲍史唐。费廉岑薛，雷贺倪汤。滕殷罗毕，郝邬安常。乐于时傅，皮卞齐康。伍余元卜，顾孟平黄。和穆萧尹，姚邵湛汪。祁毛禹狄，米贝明臧。计伏成戴，谈宋茅庞。

熊纪舒屈，项祝董梁。杜阮蓝闵，席季麻强。贾路娄危，江童颜郭。梅盛林刁，钟徐邱骆。高夏蔡田，樊胡凌霍。虞万支柯，昝管卢莫。经房裘缪，干解应宗。丁宣贲邓，郁单杭洪。包诸左石，崔吉钮龚。程嵇邢滑，裴陆荣翁。荀羊於惠，甄曲家封。芮羿储靳，汲邴糜松。井段富巫，乌焦巴弓。牧隗山谷，车侯宓蓬。全郗班仰，秋仲伊宫。

宁仇栾暴，甘钭厉戎。祖武符刘，景詹束龙。叶幸司韶，郜黎蓟薄。印宿白怀，蒲邰从鄂。索咸籍赖，卓蔺屠蒙。池乔阴鬱（yù），胥能苍双。闻莘党翟，谭贡劳逄。姬申扶堵，冉宰郦雍。雝璩桑桂，濮牛寿通。边扈燕冀，郏浦尚农。温别庄晏，柴瞿阎充。

慕连茹习，宦艾鱼容。向古易慎，戈廖庾终。暨居衡步，都耿满弘。匡国文寇，广禄阙东。欧殳沃利，蔚越夔隆。师巩厍聂，晁勾敖融。冷訾辛阚，那简饶空。曾毋沙乜，养鞠须丰。巢关蒯相，查后荆红。游竺权逯，盖益桓公。

复 姓

万俟司马，上官欧阳。夏侯诸葛，闻人东方。赫连皇甫，尉迟公羊。澹台公冶，宗政濮阳。淳于单于，太叔申屠。公孙仲孙，轩辕令狐。钟离宇文，长孙慕容。鲜于闾丘，司徒司空。亓官司寇，仉督子车。颛孙端木，巫马公西。漆雕乐正，壤驷公良。拓跋夹谷，宰父谷梁。晋楚闫法，汝鄢涂钦。段干百里，东郭南门。呼延归海，羊舌微生。岳帅缑亢，况邱有琴。梁丘左丘，东门西门。商牟佘佴，伯赏南宫。墨哈谯笪，年爱阳佟。第五言福，百家姓终。

读书知典

《百家姓》的排序是根据什么来的

《百家姓》的排序是根据当时的政治地位排名的。"赵钱孙李"成为《百家姓》前四姓是因为该书形成于宋朝，故而宋朝皇帝的赵氏、吴越国国王钱俶、正妃孙氏以及南唐国主李氏成为百家姓前四位。不过成书人是个书生，有人说百家姓只有前面几个姓氏是刻意排序，后面的姓氏则按韵律排成。

百家姓的渊源

《百家姓》并非只有一百个姓氏，文中姓氏排列并无规律可寻，但根据各姓氏的渊源出处和不同特征仍可归为以下诸类：

1. 以祖先图腾为姓氏。如马、牛、龙、凤、花、叶等。

2. 以祖先名字中的字为姓氏。如周灵王有子叫"王子年夫"，年夫的后人便以其名中的"年"字为姓氏。

3. 以封地和国名为姓氏。如宋，是出自子姓，微子启受封于宋国，其子孙以原国名"宋"为姓氏。

4. 以职业或官职为姓氏。如司徒，是上古时代官名。

5. 以山名、河名为姓氏。黄帝死后，葬于桥山。黄帝的子孙中守陵的人就以陵山之名"桥"为姓氏，后人去木为"乔"。

6. 以住地的方位为姓氏。如东郭，郭是指古代时城的外围加筑的一道城墙，东郭，就是外城的东墙附近。

7. 以部落的名称为姓氏。如复姓呼延、慕容、宇文、尉迟、万俟等。

8. 以出生时的异象为姓氏。如周平王之子出生时掌纹呈篆文"武"的字样，由此，周平王赐其姓氏为"武"。

9. 以谥号为姓氏。如孟尝君避乱到魏国，死后谥号"文"，其后人以其谥号"文"为姓氏。

10. 因避祸、避仇、避讳、避嫌所改的姓氏。

11. 帝王赐姓氏。

12. 以数量词、排行次序及天干地支为姓氏。如万、丙姓等。

13. 少数民族汉化改姓为氏。如元姓等。

读书知典

那些易读错音的姓氏

万俟，音为mò qí（莫其），常有人误读为"万寿"。

区，音为ōu（欧），常有人误读为"区"（qū）。

黑，音为hè（贺），常有人误读为"黑"（hēi）。

盖，音为gě（葛），常有人误读为"盖"（gài）。

查，本是检查、考查的意思，念chá，但作为姓氏要念zhā，武侠小说家金庸的本名便是查良镛。

教，指传授、教授之意时念jiāo，但作为姓氏时要念jiào。

任，本义是信任、担任、任何之意，念rèn。作为姓氏时念rén，代表人物有老一辈革命家任弼时。

曾，指曾经、未曾之意时念céng，但作为姓氏时要念zēng。古有"唐宋八大家"之一的曾巩、清代名臣曾国藩。

千字文（节选）

　　《千字文》由南朝史学家，时任梁朝散骑侍郎、给事中的周兴嗣编纂，梁武帝萧衍为诸皇子专门准备的识字课本，命人从王羲之书法作品中选取1000个不重复的汉字，周兴嗣将这1000字编纂成文，全文以儒学理论为纲、穿插诸多常识，每4字一句，字不重复，句句押韵，前后贯通，很适合儿童诵读。

国学精粹

天地玄黄，宇宙洪荒。
日月盈昃，辰宿列张。
寒来暑往，秋收冬藏。
闰余成岁，律吕调阳。
云腾致雨，露结为霜。
金生丽水，玉出昆冈。
剑号巨阙，珠称夜光。
果珍李柰，菜重芥姜。
海咸河淡，鳞潜羽翔。
龙师火帝，鸟官人皇。

始制文字，乃服衣裳。
推位让国，有虞陶唐。
吊民伐罪，周发殷汤。
坐朝问道，垂拱平章。
爱育黎首，臣伏戎羌。
遐迩一体，率宾归王。
鸣凤在竹，白驹食场。
化被草木，赖及万方。

天文地理，包罗万象

《千字文》的第一部分由"天地玄黄"至"赖及万方"，从天地开辟讲起，鸿蒙初开，天地既生，有了天地，就有了日月、星辰、云雨、霜雾和四时寒暑的变化，也就有了孕生于大地的金玉、铁器（剑）、果品、菜蔬，以及江河湖海、飞鸟游鱼，天地之间也就出现了人和时代的变迁，朝代更替，历史典故等。

读书知典

一夜白发成就千古文章

当年梁武帝命人在王羲之书写的碑文中拓下一千个不重复的字，供皇子们识字用。但由于字字孤立，互不联属，识记起来，无法贯通。所以他又召来当时最具文才的当朝大臣周兴嗣命其写成韵文，周兴嗣只用了一个晚上就编好《千字文》进呈武帝，累得须发皆白。

国学精粹

盖此身发，四大五常。
恭惟鞠养，岂敢毁伤。
女慕贞洁，男效才良。
知过必改，得能莫忘。
罔谈彼短，靡恃己长。
信使可覆，器欲难量。
墨悲丝染，诗赞羔羊。
景行维贤，克念作圣。
德建名立，形端表正。
空谷传声，虚堂习听。
祸因恶积，福缘善庆。
尺璧非宝，寸阴是竞。

修身养性，以史为鉴

《千字文》第二部分重点讲述人的修养标准和做人准则，不仅要孝亲敬长，还要珍爱自己，做人要知错就改，重诺守信，保持纯真本色，树立良好的个人形象和信誉，对我们的言谈举止、交友、行事等方面进行了非常深刻的阐述。

孟轲敦素，史鱼秉直。
庶几中庸，劳谦谨敕。
聆音察理，鉴貌辨色。
贻厥嘉猷，勉其祗植。
渠荷的历，园莽抽条。
枇杷晚翠，梧桐蚤凋。
陈根委翳，落叶飘摇。

游鹍独运，凌摩绛霄。
布射僚丸，嵇琴阮啸。
恬笔伦纸，钧巧任钓。
释纷利俗，并皆佳妙。

文治武功，各尽其能

《千字文》第三部分主要讲述了与统治有关的问题，第四部分讲述了恬淡的田园生活，古圣先贤、帝王将相的文治武功，以及能人志士的术业专攻，赞美了那些甘于寂寞，不为世俗名利羁绊的人们对温馨田园生活的向往之情。

读书知典

书法界的名帖

《千字文》是字书，更是名帖。《千字文》最早成形就是由"大王书"中拓字而成，在中国文化史上地位独特，是历代各流派书法家进行书法创作的重要载体。隋唐以后，凡著名书法家均有不同书体的《千字文》作品传世。著名的有智永和尚、怀素、宋徽宗、赵孟頫、文征明等，他们的作品广为流传，书体与风格各异，可谓千字千姿，大大促进了《千字文》在民间的传播。

弟子规（节选）

　　《弟子规》原名《训蒙文》，是清朝康熙年间山西绛州秀才李毓秀编著的三言韵文，后经修订改编更名为《弟子规》，内容浅显易懂，押韵顺口，列举弟子在家、出外、待人、接物以及学习上应该恪守的守则规范，是教育子弟防邪存诚、启蒙养正，养成忠厚家风的启蒙读物。

国学精粹

饮食起居，行止端正

朝起早，夜眠迟，老易至，惜此时。
晨必盥，兼漱口，便溺回，辄净手。
冠必正，纽必结，袜与履，俱紧切。
置冠服，有定位，勿乱顿，致污秽。
衣贵洁，不贵华，上循分，下称家。
对饮食，勿拣择，食适可，勿过则。

释义

　　要珍惜时间，注重整洁，仪态端正，不追求衣着华丽，认清自己的生活现状，量力而行。不挑食偏食，适度饮食，保障营养均衡。

待人接物，重信守礼

用人物，须明求，倘不问，即为偷。
借人物，及时还，后有急，借不难。
凡出言，信为先，诈与妄，奚可焉。
话说多，不如少，惟其是，勿佞巧。
奸巧语，秽污词，市井气，切戒之。
见未真，勿轻言，知未的，勿轻传。

释义

用别人的物品，要先经过允许，假如不问一声就拿去用，这就算是偷窃；借他人物品，要准时归还，这样以后碰上急难的事情的时候，再去相借就不难了。开口说话，要讲诚信，不随便许诺，而欺骗或花言巧语是不可以使用的。话不在多，在于精准地表达，恰到好处，实事求是，不要花言巧语，不出奸诈污秽之语。没有看到真相，不轻易发表意见，对不了解的事情，不任意传播。

读书知典

宋濂借书

宋濂是明朝开国文臣之首、明初诗文三大家之一。宋濂从小酷爱读书，但是他家境不好，没有钱买书，因此只能向有书的人借书来看。他借书很讲信用，约定哪天送回，必定能按时归还，因此人们都愿意把书借给他。有一次，他借到了一本十分喜欢的书，决定把书抄下来，以后继续看，但马上到了还书的时间，为了能按时还书，他忍受严寒，彻夜将书抄完，归还给了主人，主人见他把书原封不动的还回来，以后更加愿意把书借给他了。久而久之，宋濂借了许多书，学到了很多的知识，终于成为了一代文豪。

自尊自爱，见贤思齐

见人善，即思齐，纵去远，以渐跻。
见人恶，即内省，有则改，无加警。
唯德学，唯才艺，不如人，当自砺。
若衣服，若饮食，不如人，勿生戚。
闻过怒，闻誉乐，损友来，益友却。
闻誉恐，闻过欣，直谅士，渐相亲。

释义

见他人善举，要向他学习看齐，纵然目前相差很多，也要下决心逐渐赶上。见他人恶行，要反躬自省，有则改之，无则加以警惕。每一个人都应当重视自己的品德，学问和才能技艺的培养，如果感觉到有不如人的地方，应当勉励自己要奋发图强。衣服饮食不与他人攀比，不必忧虑自卑。听到他人责怪就发怒，听到他人赞美就欢喜，不会招来益友，相反，听他人赞美不得意忘形，能够自知自省，那么正直诚信的人就会喜欢和我们交朋友了。

嫉恶扬善，德行相长

道人善，即是善，人知之，愈思勉。
扬人恶，即是恶，疾之甚，祸且作。
善相劝，德皆建，过不规，道两亏。
凡取与，贵分晓，与宜多，取宜少。
将加人，先问己，己不欲，即速已。
恩欲报，怨欲忘，报怨短，报恩长。

释义

赞美他人的善行，会鼓励他人更多善意，也是一种善行。张扬他人的过失，批评太过，则可能给自己惹来祸事，如同作恶。朋友之间，互相勉励对方向好，则会共同成长；若有过失而不能相劝，则会共同堕落。与人取舍，多付出，少索取。事情要加到别人身上时，先问自己是否愿意。自己都不喜欢的事，立即停止。受人恩惠要时时想着报答，与人生怨则要尽早放下。

学习有方，志存高远

读书法，有三到，心眼口，信皆要。
方读此，勿慕彼，此未终，彼勿起。
宽为限，紧用功，工夫到，滞塞通。
心有疑，随札记，就人问，求确义。
勿自暴，勿自弃，圣与贤，可驯致。

释义

读书方法有三到：心到，眼到，口到。研究学问，要专一，读一本书要有始有终。制订计划时可以宽松些，但执行时要加紧用功，功夫用到了，读书的疑惑自然就解了。心里有疑问，随时记下，向人请教，务必弄明白真义。不要自暴自弃，也不必愤世嫉俗，圣贤境界虽高，只要循序渐进努力进取，就可以达到。

读书知典

诤 友

南北朝时期，有一个叫崔瞻的人。他有一个好朋友叫李概，两人的关系很好，常常聚在一起谈天说地，饮酒对诗，互相切磋。如果对方有什么缺点彼此都会毫不客气地指出来，当时人们称他们为"莫逆之交"。

后来，李概要回老家了，听到这个消息，崔瞻十分难过，给李概写了一封信，信中说道："意气用事，仗气喝酒，是我经常犯的毛病。你总是毫不犹豫地教训我，这是我人生的一大幸事啊！如今你走了，谁还能指出我的缺点呢？"崔瞻的一番话，足见两人是能够互相督促、共同修习进步的诤友。

朱子家训

《朱子家训》是以家庭道德为主的启蒙教材，全书仅524字，精辟地阐明了修身治家之道，是一篇家教名著。《朱子家训》不仅是一本传统的礼仪书，更是一个蕴含着人生智慧的巨大宝藏。其中，居身务期质朴，教子要有义方，勤俭持家，邻里和睦等内容，在今天仍然具有现实意义。

国学精粹

整 家

黎明即起，洒扫庭除，要内外整洁；既昏便息，关锁门户，必亲自检点。

释义

每天黎明就要早起，先用水来洒湿庭院内外的地面然后清扫，使庭院内外整洁；黄昏一过就要早点休息，并亲自查看一下要关锁的门户。

一粥一饭，当思来处不易；半丝半缕，恒念物力维艰。

释义

一碗粥，一餐饭，都应想到来之不易；衣服上的半根丝或半条线，也要常念着这些物资的产生是很艰难的。

教 子

见不义之财勿取，遇合理之事则从。

释义

看见不义的财物不要去拿，遇到合理的事物要拥护。

居身务期质朴，教子要有义方。

释义

自己生活节俭，以做人的正道来教育子孙。

齐 家

兄弟叔侄，须分多润寡；长幼内外，宜法肃辞严。

释义

兄弟叔侄之间要互相帮助，富有的要资助贫穷的；一个家庭要有严正的规矩，长辈对晚辈言辞应庄重。

父之所贵者，慈也。子之所贵者，孝也。

释义

父母所应该崇尚的，是慈爱。孩子所应该遵从的，是孝顺。

读书知典

中国第一部家训——《诫伯禽书》

伯禽是周公的长子。当伯禽将要到封地——鲁地时，周公告诫儿子：不要怠慢亲戚、老臣和故人，不要对人求全责备，不要跟别人竞争力量、速度和智力，不要对士人傲慢无礼；要恭敬待人，要勤劳节俭，要谦卑自守，要心怀敬畏，要小心谨慎。

富家兴业

见富贵而生谄容者，最可耻；遇贫穷而作骄态者，贱莫甚。居家戒争讼，讼则终凶；处世戒多言，言多必失。勿恃势力而凌逼孤寡，毋贪口腹而恣杀生禽。乖僻自是，悔误必多；颓惰自甘，家道难成。狎昵恶少，久必受其累；屈志老成，急则可相依。

释义

看到富贵的人，便做出巴结讨好的样子，是最可耻的；遇着贫穷的人，便做出骄傲的态度，是鄙贱不过的。尽量避免争斗诉讼，无论胜败，结果都不吉祥。处世不可多说话，言多必失。不可仗势欺压弱小，不因贪口腹之欲而任意杀生。性格古怪，自以为是的人，必会因常常做错事而懊悔；颓废懒惰，沉溺不悟，是难成家立业的。亲近行为不良的人，日久必会受牵累；恭敬自谦，虚心地与那些阅历丰富的人交往，遇到急难的时候，就可以受到他的指导或帮助。

总结

家门和顺，虽饔飧不济，亦有余欢；国课早完，即囊橐无余，自得至乐。

释义

家里和气平安，虽缺衣少食，也觉得快乐；尽快缴完赋税，即使口袋所剩无余也自得其乐。

读书志在圣贤，非徒科第；为官心存君国，岂计身家？

释义

读书，是为学习圣贤的德行，不只为了科举及第；做官要有忠君爱国的思想，怎能只考虑自己和家人的享受？

人有喜庆，不可生妒忌心；人有祸患，不可生欣幸心。

释义

他人有了喜庆的事情，不可有妒忌之心；他人有了祸患，不可有幸灾乐祸之心。

读书知典

何为家训

家训是指家庭对子孙立身处世、持家治业的教诲。家训是家庭的重要组成部分，对个人的教养、原则都有着重要的约束作用。家训或单独刊印，或附于宗谱。除"家训"之外，还称为家诫、家诲、家约、遗命、家规、家教。远古时代，人类社会经历了氏族、家族、家庭的变迁，在国家不安定和国法不明确之际，家族为了维持必要的法制制度，就拟定了一定的行为规范来约束家族中人，这便是家法家训的最早起源。

家训是中国传统文化的重要组成部分，它在中国历史上对个人的修身、齐家发挥着重要的作用，更是使国家富强的必不可少的一部分。

曾国藩家书

《曾国藩家书》是曾国藩的书信集，所涉及的内容极为广泛，小到人际琐事和家庭生计的指示，大到读书治学、经邦纬国之道的阐述，是曾国藩一生的主要活动和其治政、治家、治学之道的生动反映。

国学精粹

君子之立志也，有民胞物与之量，有内圣外王之业，而后不忝于父母之所生，不愧为天地之完人。故其为忧也，以不如舜、不如周公为忧也，以德不修、学不讲为忧也。是故顽民梗化则忧之，蛮夷猾夏则忧之，小人在位，贤人否闭则忧之，匹夫匹妇不被己泽则忧之。所谓悲天命而悯人穷，此君子之所忧也。若夫一身之屈伸，一家之饥饱，世俗之荣辱得失、贵贱毁誉，君子固不暇忧及此也。

——出自《曾国藩家书》

释义

君子立志，要有为民请命的器量，内修圣人的德行，外建经邦纬国的功业，才不会辱没父母生我养我，不愧为天地间一个完整的人。所以，这样的人忧虑的是，以自己不如舜，不如周公而忧，以德行没有修整，学问没有大成而忧。见愚昧无知的人顽固不化会忧虑，见侵略者侵占国土会忧虑，见品行不好的人占据要职，而有德行、有才干的人却不能发挥其才能而忧虑，见老百姓得不到自己应得的福利而忧虑，这才是一个有志之士真正应该忧虑的事。至于个人的进退，家人的饥饱，世俗的荣辱、得失、贵贱和成败，君子哪还有工夫去忧虑这些小事呢。

夫家和则福自生，若一家之中，兄有言，弟无不从，弟有请，兄无不应，和气蒸蒸而家不兴者，未之有也；反是而不败者，亦未之有也。

——出自《曾国藩家书》

释义

一家人如果和和气气，幸运福气会自己到来。一家人若哥哥说话，弟弟都听，弟弟有什么请求，哥哥没有不答应的，这样和睦的家，没有不兴旺的；反之家庭不和睦，家运没有不衰败的。

吾人为学，最要虚心。尝见朋友中有美材者，往往恃才傲物，动谓人不如己，见乡墨则骂乡墨不通，见会墨则骂会墨不通，既骂房官，又骂主考，未入学者，则骂学院。平心而论，己之所为诗文，实亦无胜人之处；不特无胜人之处，而且有不堪对人之处。只为不肯反求诸己，便都见得人家不是，既骂考官，又骂同考而先得者。傲气既长，终不进功，所以潦倒一生，而无寸进也。

——出自《曾国藩家书》

释义

我们做学问，最重要的是虚心。我曾看到朋友中一些颇有才华的人，都恃才傲物，动不动就说别人不如自己。不论是乡试还是会试的文章，他都骂人家言语不通，不仅骂房官，也骂主考，考不取就骂学院。平心而论，这种人自己写的诗文也并没有过人之处，而且有些根本就不能拿出来给人看，他们就是不愿反过来要求自己，总说别人不好，既骂考官，也骂同科考中之人。人若傲气疯长，便不会有进步，结果只能失意、潦倒一生，不会有任何进步。

读书知典

审鸡蛋案

一天，天气晴朗，年幼的曾国藩从学校回到了家里。刚放下书包，其父就焦急地说："我明明煮了五个鸡蛋，怎么只有四个？"于是就把曾国藩叫来，对他说："煮熟的鸡蛋是分给你们吃的，现在少了一个，不知是谁偷吃了，快帮你母亲查一查。"曾国藩思索了一下，答道："这个很容易，我有办法查出来。"说罢，曾国藩端出一个脸盆，倒了几杯茶，把家里的人都喊过来，叫每人喝一口茶水，吐到盆里，他站在旁边观察，结果有一个佣人吐出的茶水里夹有鸡蛋黄粉。曾国藩的父亲高兴极了，觉得儿子聪明，将来能当官审案子。

国学精粹

凡人作一事，便须全副精神注在此一事。首尾不懈，不可见异思迁，做这样想那样，坐这山望那山。人而无恒，终身一无所成。

——出自《曾国藩家书》

释义

一个人做事，要集中全部精力在所做的事情上，从头到尾不能有一点松懈。不能见异思迁，做这样，想那样，坐在这山，望着那山。人要是没有恒心，终其一生也不会有所成就。

天地间惟谦谨是载福之道。骄则满，满则倾矣。凡动口动笔，厌人之俗，嫌人之鄙，议人之短，发人之覆，皆骄也。无论所指未必果当，即使一一切当，已为天道所不许。

——出自《曾国藩家书》

释义

天地间，只有谦虚谨慎才是得到幸福的方法，骄傲会使人自满，自满便会使人倾覆。凡属动口动笔的事，讨厌人家太俗气，嫌弃人家太鄙恶，议论人家的短处，指斥人家的失败，都是骄。不管说的是不是真实，即使都是真实的，也是天道所不许可的。

近来见得天地之道，刚柔互用，不可偏废，太柔则靡，太刚则折。刚非暴戾之谓也，强矫而已；柔非卑弱之谓也，谦退而已。趋事赴公，则当强矫，争名逐利，则当谦退；开创家业，则当强矫，守成安乐，则当谦退；出与人物应接，则当强矫，入与妻孥享受，则当谦退。若一面建功立业，外享大名，一面求田问舍，内图厚实，二者皆有盈满之象，全无谦退之意，则断不能久。

——出自《曾国藩家书》

释义

近来领悟到，天地的规律是刚柔互用的，两者都不可偏废。太柔了会顺风倒下，太刚了又会铿然折断。刚不是暴虐，是坚强；柔不是低下软弱，是谦逊退让。做事为公时要坚强，争名逐利的事，就要谦逊退让。开创家业时要坚强，守成享乐时要谦逊退让。对外处事交涉时要坚强，回到家里和妻儿享受时要谦逊退让。一边建功立业，声名远扬；一边置田建屋，贪图舒适。这两种情况都有盈满的迹象，没有一点谦退的意思，因而肯定不会长久。

读书知典

盗贼背书

曾国藩小时候读书十分辛苦，为了把文章背下来常常熬夜。一天夜里，一个盗贼到曾家行窃，等了好久曾国藩还在反反复复地背同一篇文章。他不入睡盗贼就无法行窃。盗贼等不及了就隔窗破口大骂："你还有完没完？就这么一篇短文章还背不下来！我听你背书耳朵都磨出硬茧子了！你小子听着，看大字不识的我给你背一遍！"说罢便一口气把那篇文章背了下来，然后扬长而去。

声律启蒙

《声律启蒙》是训练儿童应对和掌握声韵格律的启蒙读物。全文按韵分编，包罗天文、地理、花木、鸟兽、人物、器物等的虚实应对。从单字对到双字对、三字对、五字对、七字对到十一字对，声韵协调，朗朗上口，从中得到语音、词汇、修辞的训练。较之其他全用三言、四言句式更见韵味。这类声律读物，在启蒙读物中独具一格，经久不衰，如《训蒙骈句》《笠翁对韵》等书，都是采用这种方式编写，并得以广泛流传。

国学精粹

熟悉韵脚

云对雨，雪对风，晚照对晴空。来鸿对去燕，宿鸟对鸣虫。
三尺剑，六钧弓，岭北对江东。人间清暑殿，天上广寒宫。
两岸晓烟杨柳绿，一园春雨杏花红。
两鬓风霜，途次早行之客；一蓑烟雨，溪边晚钓之翁。

评说

格律诗对押韵是很苛刻的，必须在同一韵部内选字，第一句宽松一些，也必须是邻韵，否则就是落韵。通过熟读和背诵，能让我们迅速记住常用字，不需要再去翻韵书。

对仗与句法

春对夏，秋对冬，暮鼓对晨钟。观山对玩水，绿竹对苍松。
冯妇虎，叶公龙，舞蝶对鸣蛩。衔泥双紫燕，课蜜几黄蜂。
春日园中莺恰恰，秋天塞外雁雍雍。
秦岭云横，迢递八千远路；
巫山雨洗，嵯峨十二危峰。

评说

文里大量采用对仗手法，对仗方式很多，不仅在字数上严格相对，而且在两个文句对应的同一位置上的词语，词性一致，平仄相对。如"春"与"夏"都是季节，"绿竹"和"苍松"都是植物，"横"与"洗"都是动词，三组词都是平仄相对。这使得连句成文，语言韵律和谐，增强了节奏感和音乐美感，达到表现形式和内容含义上的高度统一或相互映衬，具有独特的艺术效果。

读书知典

《声律启蒙》的目录

《声律启蒙》的目录是按照《平水韵》的顺序编写，《平水韵》中的平声韵一共三十部。上平十五部：一东、二冬、三江、四支、五微、六鱼、七虞、八齐、九佳、十灰、十一真、十二文、十三元、十四寒、十五删。下平十五部：一先、二萧、三肴、四豪、五歌、六麻、七阳、八庚、九青、十蒸、十一尤、十二侵、十三覃、十四盐、十五咸。

国学精粹

诗文用典

分金齐鲍叔,奉璧蔺相如。
掷地金声孙绰赋,回文锦字窦滔书。
未遇殷宗,胥靡困傅岩之筑;
既逢周后,太公舍渭水之渔。

评说

文中涉及到"管鲍分金""完璧归赵""掷地有声""织锦回文""商王武丁寻贤士傅说"和"文王访贤"等历史典故。诗文创作讲究用典,将历史名人故事融入其中,还能两两对仗。学习《声律启蒙》不仅培养语言韵律,还能从中学习历史知识,在现代文体写作中旁征博引,提升文采。

读书知典

掷地有声

《世说新语·文学》中记载:东晋名士孙绰写了一篇颇为优美的游记《游天台山赋》,拿

着文章到朋友范荣期那里，说："你试着把它扔到地上，它应该能发出像金石一样铿锵优美的声音。"后人便用"掷地有声"来形容文章或话语气势豪迈，坚定有力。

织锦回文

前秦时期，秦州刺史窦滔因得罪了苻坚的手下大官被流放到流沙县。夫妻天各一方，他的妻子苏蕙特地在一块锦缎上绣上840个字，纵横29个字的方图，可以任意地读，共能读出3752首诗，表达了她对丈夫的思念与关心之情。

文王访贤

周文王以他敏锐的洞察力，察觉商朝即将灭亡。于是，他广招人才，寻访贤士，为推翻腐朽的商朝做积极的准备工作。一时间，许多有志之士都纷纷投奔到周国，周国的国势日渐强盛。但是，周文王还缺少一个能统筹全局、文韬武略的帅才。有一次，周文王外出打猎，在渭水岸边上遇见了一位钓鱼的老人。老人须发斑白，看去有七八十岁了。奇怪的是，他一边钓鱼，一边嘴里不断地念叨："快上钩呀快上钩！愿意上钩的快来上钩！"再一看，老人钓鱼的鱼钩离水面有三尺高，并且是直的，上面也没有鱼饵。文王看了很纳闷，就过去和老人攀谈起来。这老人姓姜名尚，又名子牙，是远古时代炎帝的后代。文王觉得他是个有用之才，便将他招入帐下。后来姜子牙帮助文王和他的儿子推翻商纣王统治，建立了周朝。

龙文鞭影

《龙文鞭影》原名《蒙养故事》，作者是明代万历时萧良有，后经安徽人杨臣诤加以增订，改名《龙文鞭影》。全书内容主要来自"二十四史"中的人物典故，同时又从《庄子》和古代神话、小说、笔记等书中广泛收集故事，共辑录了2000多个典故，编撰成文。全文按韵编制，都用四言，成一短句，上下两句对偶，各讲一个典故。逐联押韵，易诵易记，是一本重要的典故知识蒙学书。

国学精粹

重华大孝，武穆精忠。

释义

上古舜帝又叫重华，他的母亲早亡，父亲又娶了后母，生一弟名叫象。三人合谋屡次害舜，舜逃生后仍然孝顺父母敬爱兄弟，所以孔子和孟子都称他为"大孝"的表率。

南宋爱国名将岳飞的谥号是武穆和忠武，他少年便立志抗金。十八岁从军，立战功，背上刺有"精忠报国"四字，后被秦桧以莫须有的罪名害死。

尧眉八彩，舜目重瞳。

释义

尧是上古五帝之一，传说他的眉毛由八种颜色组成，而舜帝的眼睛有两个瞳孔。

商王祷雨，汉祖歌风。

释义

商王子履统治期间，有七年大旱，朝廷的太史占卜预言要有人求雨才行，于是商王子履就亲自求雨。

汉高祖刘邦，在楚汉战争中击败项羽建立汉朝后，回到家乡，宴请父老，歌唱到："大风起兮云飞扬，威加海内兮归故乡，安得猛士兮守四方！"

秀巡河北，策据江东。

释义

刘秀是汉高祖刘邦的九世孙，公元6年汉朝被王莽篡位，天下大乱。刘秀于公元22年起兵，助其族兄刘玄称帝，刘玄派刘秀以大司马身份，巡行河北，除莽苛政，为中兴汉朝奠定了基础。

孙策是三国时期吴郡人，吴郡首领孙坚的长子，当时占据着江东，孙策临死时，将事业托付给弟弟孙权。孙权后来攻破荆州，做了皇帝。

太宗怀鹞，桓典乘骢。

释义

唐太宗李世民是个勤勉的好皇帝，但他也有自己的消遣。有一次他曾得到一只鹞鹰，正玩得高兴，看见魏征来了，因为魏征极其正直，是个敢于说实话的贤臣，所以太宗从心里害怕他，于是就把鸟藏在怀中，魏征早看到了，就故意长时间奏事，结果鸟闷死在怀中。

桓典是东汉朝廷的御史，常乘着骢马出游办事。京城的人惧怕他，说："行行且止，避骢马御史。"

读书知典

《龙文鞭影》名字的由来

龙文，是古代的一种千里马的名称，它只要看见鞭子的影子就会奋蹄驰骋。作者用此书名的寓意是，看了这本书的孩子们会成为"千里马"。书名形象地反映了该书"逸而功倍"的效果。

国学精粹

愿归盘谷，杨忆石淙。

释义

盘谷在河南济源县北，唐代的李愿隐居在此。明朝杨一清，7岁能文，被视为神童，14岁中秀才，18岁中进士。镇江府城南有杨一清的石淙精舍，在丁卯桥南。

弩名克敌，城筑受降。

释义

宋代名将韩世忠在金人入侵时，造弓取名为克敌，可百发百中，表示要抵挡敌军骑兵冲突。受降城在山西大同府西北，是公孙敖所筑。

韦曲杜曲，梦窗草窗。

释义

唐代富翁韦安石在西安府南建有花园，名为韦曲。杜岐公也建有花园，名为杜曲。两处花园都比较出名。

南宋吴文英，善于写词，有《梦窗甲、乙、丙稿》四卷。周密，号"草窗"，有《草窗词》二卷。两人的文集都很有文采。

灵征刍狗，诗祸花尨。

释义

魏国的太史问周宣，梦见刍狗是何意，周宣说："得饮食。"又一日问梦见刍狗是何意，周宣说："堕车折脚。"又一日问梦见刍狗是何意，周宣说："有火灾。"太史说："三次询问都没有梦，只是试您罢了，为什么都灵验了呢？"后来就用刍狗表示灵验的梦。

明代人高启因为题宫女图诗触怒皇帝被杀。他写的诗是："女奴扶醉踏苍苔，明月西园侍宴回。小犬隔花空吠影，夜深宫静有谁来。"

读书知典

用 典

用典就是在诗中运用典故，亦即引用古人的言论或事迹以增强诗歌的表现力。《诗薮·内编》卷四说："诗自模景述情外，则有用事而已。用事非诗正体，然景物有限，格调易穷，一律千篇，只供厌饫。欲观人笔力材诣，全在阿堵中。且古体小言，姑置可也；大篇长律，非此何以成章？"

历代诗人在诗中用典有所谓"僻事实用、熟事虚用"之说。

国学精粹

少帝坐膝，太子牵裾。

释义

晋明帝司马绍是元帝长子，小的时候，他坐在元帝膝上玩耍，这时宫人报有人从长安来了，元帝逗司马绍："你说是长安远还是太阳远？"司马绍回答："当然是太阳远，只听过有人从长安来，不曾听说有人从太阳来。"第二天，元帝大宴群臣，想起昨天的问题，想让群臣见识下太子的机智，便重问昨日的问题："你跟大家说，太阳和长安，哪个远？"司马绍说："太阳近一些。"元帝一听有些恼怒，说："怎么答案又和昨天不一样了呢？"司马绍回答："抬头可以看见太阳，却怎么也看不到长安啊。"

晋代司马邺小时候很聪明，五岁时，宫中失火，武帝司马炎仓促间去看大火，司马邺紧紧跟在后面拽着武帝的衣角，让他躲起来。武帝问他："为什么要这样呢？"他说："夜里起火，宫人慌乱奔走，仓促之间难免会伤着陛下，不能离火势太近。"

卫懿好鹤，鲁隐观鱼。

释义

卫懿公喜欢鹤，竟让鹤乘大夫坐的车，当狄人进攻卫国时，将士们说："让鹤去打仗。"最后卫国大败。鲁隐公要到棠地观看百姓捕鱼，臧僖伯劝谏说："凡与国家大事无关的东西，国君应该不去重视。"

蔡伦造纸，刘向校书。

释义

汉和帝时，宦官蔡伦在总结前人经验的基础上，用树皮、麻头、破布造出纸来，被称为"蔡侯纸"。汉成帝时，刘向任光禄大夫，成帝命他校定藏书，编成《别录》，后其子刘歆继承父业，编成《七略》。

朱云折槛，禽息击车。

释义

朱云在汉成帝时任槐里令，上疏请成帝赐一把尚方宝剑斩杀奸臣。当成帝得知他要斩的是丞相张禹时，下令定朱云诽谤罪。朱云手攀殿槛大呼，以至殿槛被拉断，自比夏朝的忠臣比干。在大将军辛庆忌等人的请愿下，汉成帝不得已赦免了他，并下令修殿槛，以表彰直臣。

春秋时秦国大夫禽息向秦穆公推荐百里奚而不被采纳，禽息于是以头击秦穆公车，脑浆流出。秦穆公感悟而用百里奚。

耿恭拜井，郑国穿渠。

释义

东汉人耿恭领兵据守疏勒城，匈奴人断绝城中水源。耿恭掘地十五丈无水，于是对天祈祷，一会儿泉水奔出。匈奴以为神明在帮助汉军，于是领兵撤退。

战国时韩国为防止秦国的进犯，派水工郑国劝秦国修渠，以消耗其国力。秦国发觉了韩国的用意，要杀郑国，郑国说："开始时臣虽然是用计，然渠成亦秦之利也。"渠修成后，灌溉良田万亩，秦国逐渐富强，于是命名该渠为郑国渠。

读书知典

典故大全

《龙文鞭影》内容主要是介绍中国历史上的人物典故和逸事传说。它辑录了历史上很多著名人物，如尧、舜、孔子、诸葛亮、司马迁、李白、杜甫等人的二千多个趣闻逸事，文字简明扼要，还能阐明故事梗概，被人称为典故大全。

格言联璧

　　《格言联璧》是清代学者金兰生所编，分为学问、存养、持躬、摄生、敦品、处事、接物、齐家、从政、惠吉以及悖凶共11类。句句经典，字字珠玑，饱含处世智慧。

国学精粹

学问（精选）

读未见书，如得良友；见已读书，如逢故人。

释义

　　阅读未见过的书，如结识好朋友，情意和洽；重读已看过的书，如老朋友相晤，叙旧联谊。

何思何虑，居心当如止水；勿取勿忘，为学当如流水。

释义

　　不管思虑什么，心境应当平静如水；不要停止，也不要忘记，学业当如流水一般永无止境。

心慎杂欲，则有余灵；
目慎杂观，则有余明。

> **释义**
>
> 内心慎防杂念，会更加机敏；眼光审慎万物，则愈加明亮。

存养（精选）

心一松散，万事不可收拾。心一疏忽，万事不入耳目。心一执着，万事不得自然。

> **释义**
>
> 心一旦松散，那么万事都做不好。心一旦粗疏，那么凡事不能聚精会神。心一旦固执，凡事就不能见其本来面目。

天地间真滋味，惟静者能尝得出。天地间真机括，惟静者能看得透。

> **释义**
>
> 天地间万事万物的本质，惟有心静的人才能体味出来；天地间万事万物真正的规律，惟有心静的人才能看明白。

读书知典

"临深履薄"的故事

东汉明帝皇后马氏生性善良，深明大义，她十分喜欢贾妃所生的刘炟。刘炟继位成汉章帝，尊马氏为皇太后，并多次提出要加封她的兄长，马太后都拒绝了。而她的侄子马豫抱怨没得到更多的恩惠，兄长马廖的朋友见他如此放纵儿子，特地写信劝告："本朝初，许多诸侯王因对子弟失加管教，触犯了刑法最终弄得国破人亡。如今您的地位和名望这么尊贵，怎么能不面临深渊，脚踏薄冰，以他们的结局为教训呢？"

国学精粹

持躬（精选）

怪小人之颠倒是非，不知惯颠倒方为小人；惜君子之受世折磨，不知惟折磨乃见君子。

释义

责怪小人颠倒是非黑白时，要知道这种颠倒黑白的行为本身就是小人行径；为君子受尽折磨而感到叹惜时，也要知道只有在艰辛磨难的紧要关头，才能考验出真君子。

不自重者取辱，不自畏者招祸，不自满者受益，不自是者博闻。

释义

不自重的人会自取其辱，不知敬畏的人会招惹祸端，不自我满足的人会受到裨益，不自以为是的人更见多识广。

毋毁众人之名，以成一己之善。毋没天下之理，以护一己之过。

释义

不要诋毁众人的成就，而归功于自己，不要埋没天下的事理，以掩饰自己的过失。

敦品（精选）

人争求荣，就其求之之时，已极人间之辱。人争恃宠，就其恃之之时，已极人间之贱。

释义

世人都追求荣华富贵，然而在极力追求名利的

时候，就已经蒙受人间的奇耻大辱了。人人都追求上司青睐，然而在他为得到青睐而卑微谄媚时，就已经沦落到人间最卑贱之处了。

> 丈夫之高华，只在于道德气节。鄙夫之炫耀，但求诸服饰起居。

释义

志士仁人所器重景仰的，是名声、功业、道德、情操；凡夫俗子所追求炫耀的，是服装、饰物、住宅、生活。

> 使人有面前之誉，不若使人无背后之毁；使人有乍处之欢，不若使人无久处之厌。

释义

期望在别人面前受到称赞，不如背后没有人说其坏话，受人诽谤。与人相处获得短暂快乐，高峰体验，不如与人长相厮守，细水长流，而不相互感到厌恶。

读书知典

留余匾

民间常说，穷不过五世，富不过三代。可河南省巩义市的康氏家族却从世祖康绍敬，下至十八世康庭兰，一直富裕十二代，长达四百多年。那么康家的秘诀是什么呢？

传说康家的生意传到第十五世掌门人康道平的手中时，已经越做越大，但利润上升的情况却显颓势，康道平心中郁闷，出门散步，在河边遇到一名钓鱼老翁，发现他只钓大鱼，钓到小鱼便放生。他纳闷上前询问为何，老翁说："如果连小鱼也不放过，天长日久，河里还会有鱼吗？不留鱼，我们以后还吃什么？"康道平听此话豁然开朗，立即召集家族会议，要求"做生意只赚取利润的百分之六十"，正式提出"留余"的理念。为了更好地把"留余"精神在康氏家族里发扬光大，康道平还专门请人制作"留余匾"挂在客厅，作为家训让后世子孙铭记。如今，"留余匾"已成为中华名匾，现今还保存在巩义市的康百万庄园中。

路漫漫其修远兮
吾将上下而求索

经篇

大 学

《大学》相传为春秋战国时期曾子所作,是儒家学派的入门读物。南宋朱熹取《礼记》之《大学》《中庸》篇,分章注释,与《论语》《孟子》并称"四书",列为"四书"之首。宋元以后,《大学》成为学校官定的教科书和科举考试的必读书,对中国古代教育产生了极大的影响。

国学精粹

大学之道,在明明德,在亲民,在止于至善。

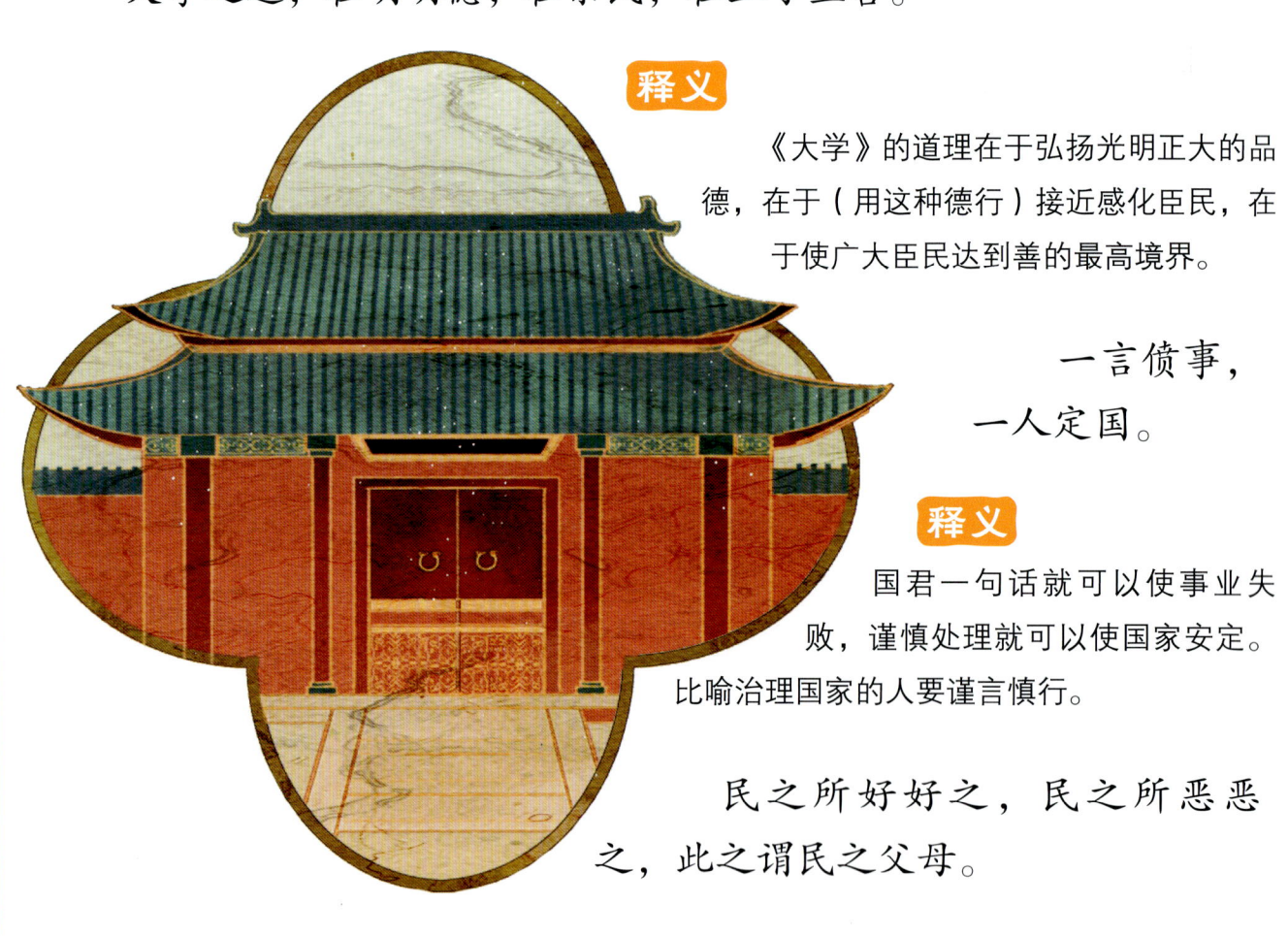

释义

《大学》的道理在于弘扬光明正大的品德,在于(用这种德行)接近感化臣民,在于使广大臣民达到善的最高境界。

一言偾事,一人定国。

释义

国君一句话就可以使事业失败,谨慎处理就可以使国家安定。比喻治理国家的人要谨言慎行。

民之所好好之,民之所恶恶之,此之谓民之父母。

> **释义**
>
> 老百姓喜欢什么，当权者就喜欢什么，老百姓厌恶什么，当权者就厌恶什么，这样才称得上是老百姓的父母官。比喻君民同心，共喜好，共憎恶。

一家仁，一国兴仁；一家让，一国兴让；一人贪戾，一国作乱。

> **释义**
>
> 如果君主的家庭成员之间仁爱和睦，那么整个国家就会兴起仁爱和睦的风气；如果君主的家庭成员之间互相谦让有礼，那么整个国家就会兴起谦让有礼的风气。反之，如果君主贪婪残暴，那么整个国家就会发生动乱。

国不以利为利，以义为利也。

> **释义**
>
> 治理国家不要把金钱财富当作国家的利益，而要把仁义当作国家的利益。

惟命不于常，道善则得之，不善则失之矣。

> **释义**
>
> 天命不会始终如一，行善才会天命所归，不行善就会失去天命。

读书知典

三纲八目

所谓"三纲"，是指明德、亲民、止于至善。它既是《大学》的纲领旨趣，也是儒学"垂世立教"的目标所在。所谓"八目"，是指格物、致知、诚意、正心、修身、齐家、治国、平天下。它既是为达到"三纲"而设计的条目工夫，也是儒学为我们所展示的人生进修。

国学精粹

仁者以财发身；不仁者以身发财。

释义

仁义的君主会将财富用到百姓的身上以修养自身的德行；不仁义的君主会利用自己的权力聚敛财富。

其为父子兄弟足法，而后民法之也。

释义

他在当父亲、儿子、兄长、弟弟时，其行为能够成为别人效仿的楷模，那百姓就会主动向他学习了。

有德此有人，有人此有土，有土此有财，有财此有用。

释义

（君主）有好的德行就有人民的拥戴，有了人民拥戴就会有土地，有了土地就会有财富，这样国家就开支有余。

德者本也，财者末也。外本内末，争民施夺。

释义

道德是立国的根本，财富只是末枝。君主本末倒置的话，就会和老百姓争利。

楚国无以为宝，惟善以为宝。

释义

楚国没有什么东西可以作为宝贝，只是把善当成宝贝。

唯仁人，为能爱人，能恶人。

释义

只有具有仁爱之心的人，才能爱人民，能够果断地摒弃邪恶的人。

诚于中，形于外。

释义

内心有了诚意，就会在外表和言行上体现出来。

读书知典

曾子避席

曾子是孔子的弟子，有一次他坐在孔子身边听老师训教，孔子问他："以前的圣贤帝王有至高无上的德行、精要奥妙的理论，用来教导天下人，人们就能和睦相处，君王和臣子之间也没有不满，你知道它们是什么吗？"曾子听了，明白老师要指点他最深刻的道理，立即从席子上站起来退到席子外面，恭恭敬敬地回答道："弟子不够聪慧，哪里能知道这些道理，还请老师把这些教给我。"

国学精粹

君子有诸己而后求诸人，无诸己而后非诸人。

释义

品德高尚的人，总是自己先做到，然后才要求别人做到；自己先不这样做，然后才要求别人不这样做。

君子必慎其独也。

释义

君子自己独处的时候，一定要谨慎自己的举止行为。

为人君，止于仁；为人臣，止于敬；为人子，止于孝；为人父，止于慈；与国人交，止于信。

释义

做君主的要做到仁爱，做臣子的要做到恭敬，做儿子的要孝顺，做父母的要慈爱，和周围的交际往来要做到诚信。

所恶于上，毋以使下；所恶于下，毋以事上。

释义

厌恶自己上级的某些行为，就不用同样的方式对待自己的下属；厌恶下属的某些行为，就

不用同样的方式对待自己的上级。

好人之所恶，恶人之所好，是谓拂人之性，灾必逮夫身。

释义

喜好人们所厌恶的，厌恶人们所喜好的，这是违背人的本性，一定会有祸患降临其身。

货悖而入者，亦悖而出。

释义

用不正当的方法得来的财物，也将被别人用不正当的方法拿去。

诚其意者，毋自欺也。

释义

要做一个真心实意的人，不要自己欺骗自己。

好而知其恶，恶而知其美。

释义

对你所喜欢的人，要知道他的缺点；对你所厌恶的人，要知道他的优点。

读书知典

《大学》的渊源

大学本来是周代天子、诸侯之子上学的学校，八岁上小学，学小艺，履小节。十五岁束发之后进大学，学大艺，履大节。在尧舜时期叫作"上庠"，后来也叫"太学"，后世发展成了"国子监"，是为国家统治培养管理人才的最高学府。

大学之务，以教于国。从书中内容来看，我们可以认为《大学》是秦汉之儒给官学教育编制的教材，但是在秦汉之际并未被政府采用。经过北宋二程和南宋朱熹的极力推崇，在宋元之后成了官定教科书。

中 庸

《中庸》原属《礼记》第31篇，相传为战国时期孔子的孙子子思所作，后被宋儒抽出，成为"四书"中的一书。《中庸》主要讲天命性道，认为"至诚"则达到人生的最高境界，并提出"博学之，审问之，慎思之，明辨之，笃行之"的学习过程和认识方法。

国学精粹

凡事豫则立，不豫则废。

释义

做任何事情都要先做好准备，有了准备就会成功，没有准备就会失败。

好学近乎知，力行近乎仁，知耻近乎勇。

释义

爱好学习就接近于智了，努力实践就接近于仁了，知道羞耻就接近于勇了。

博学之，审问之，慎思之，明辨之，笃行之。

> **释义**
>
> 广泛地学习知识，审慎地求问，谨慎地思考它，明白地分辨它，坚定地实行它。

君子之道，辟如行远必自迩，辟如登高必自卑。

> **释义**
>
> 君子的中庸之道，就像是走路，一定要从近的地方开始；又像是登山，要从低的地方开始。

君子和而不流，强哉矫。

> **释义**
>
> 君子待人和气而不随波逐流，这才是真正刚强的表现啊！

读书知典

慎 独

东汉时期，杨震去荆州赴任，途经昌邑。昌邑县令王密，是杨震当年举荐上来的，王密为了感谢杨震的提携之恩，便趁着夜色，带着黄金去送给杨震。杨震拒绝接受，说："我举荐你是因为我了解你，你这样做是太不了解我了。"王密说："夜黑人静不会有人知道的。"杨震说："天知，神知，我知，子知。何谓无知？"王密听了杨震的一番话，羞愧而出。后人就把这件事当成"慎独"的典型，流传下来。

论　语

《论语》是春秋时期思想家、教育家孔子的弟子及再传弟子记录孔子及其弟子言行而编成的语录文集，成书于战国前期。全书共20篇492章，采用语录体，以记言为主，记录了孔子有关政治、伦理、教育、礼乐、文艺等方面的许多见解，是儒家经典著作之一。

国学精粹

知之为知之，不知为不知，是知也。

——出自《论语·为政》

释义

知道就是知道，不知道就是不知道，这才是真正的智慧。

过而不改，是谓过矣。

——出自《论语·卫灵公》

释义

有了错误而不改正，这就是真的错误了。

岁寒，然后知松柏之后凋也。

——出自《论语·子罕》

释义

到了天气寒冷的时候，才能看出松柏是最后凋零的。比喻那些耐得住困苦，意志坚定的强者。

名不正，则言不顺；言不顺，则事不成。

——出自《论语·子路》

释义

名分不当，说的话就不合乎道理；说话不合乎道理，事情就会办不成功。

不在其位，不谋其政。

——出自《论语·泰伯》

释义

不在那个官位上，不要去参与那个官职的政事。

朝闻道，夕死可矣。

——出自《论语·里仁》

释义

早晨求到了真理，即使晚上就死也心甘情愿。

工欲善其事，必先利其器。

——出自《论语·卫灵公》

释义

工匠要想做好活，一定要先使工具精良。形容做事前要做好充分的准备。

读书知典

见贤思齐的故事

夏朝的时候，一个反叛的诸侯有扈氏率兵入侵，夏禹派他的儿子伯启抵抗，结果伯启被打败了。他的部下不服气，要求继续进攻，可是伯启却说："不必了，我的兵比他多，地比他大，却仍败给他，一定是我的德行不如他，带兵方法不如他的缘故。从今天起，我一定要努力改正过来。"自此之后，伯启很早便起来工作，粗茶淡饭，衣着朴素，任用有才干的人，尊敬有品德的人。过了一年，有扈氏知道了，不但不再来侵犯，反而投降了。

国学精粹

君子坦荡荡，小人长戚戚。

——出自《论语·述而》

释义

君子胸怀坦荡，无忧无虑；小人心胸狭隘，常常患得患失。

士不可以不弘毅，任重而道远。

——出自《论语·泰伯章》

释义

读书人不能没有远大的抱负，因为他肩负着重大的责任，要走的路还很长。

不患人之不己知，患不知人也。

——出自《论语·学而》

释义

不担心别人不了解自己，应该担心自己不了解别人。

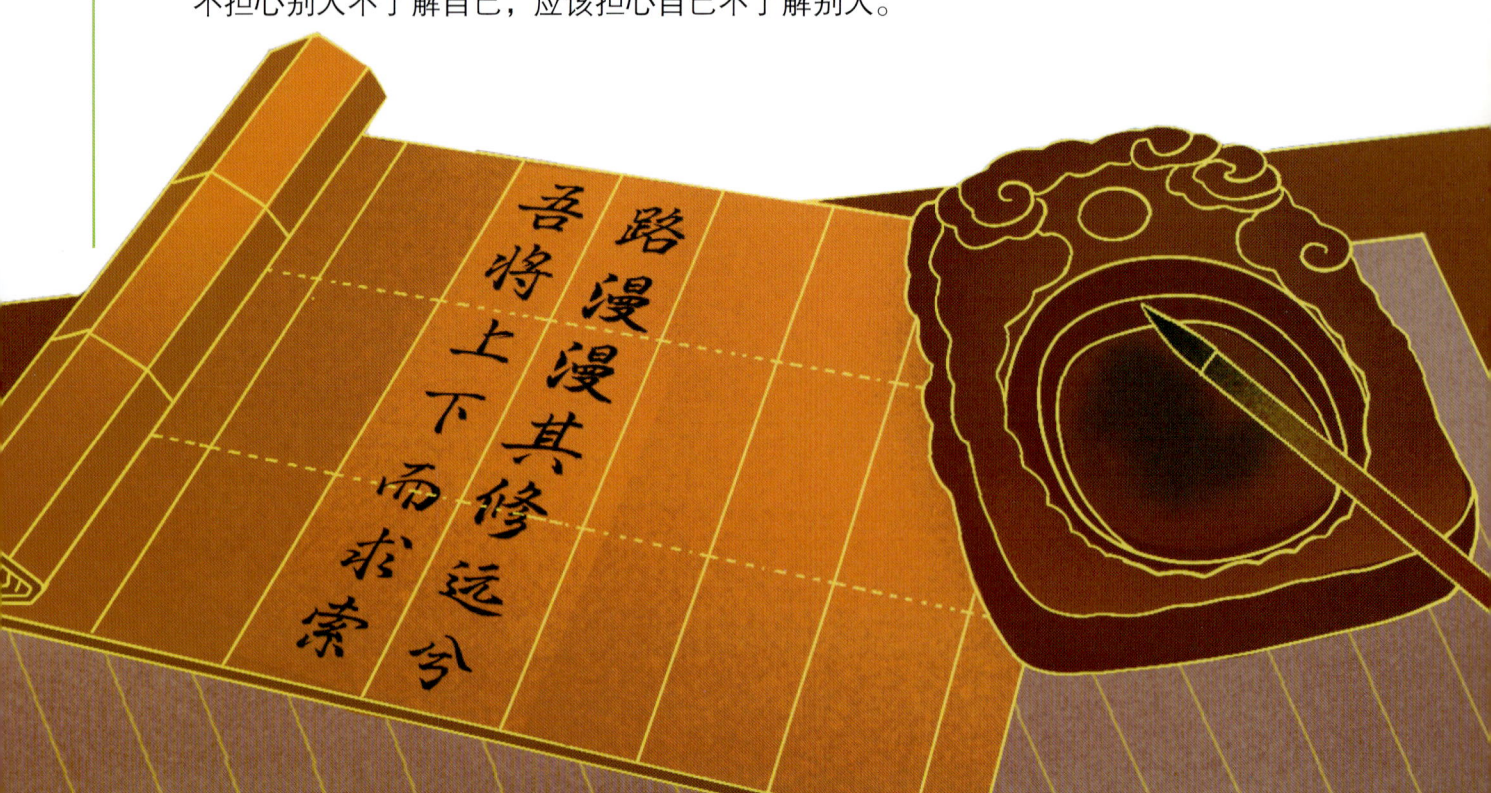

吾日三省吾身：为人谋而不忠乎？与朋友交而不信乎？传不习乎？

——出自《论语·学而》

> **释义**
>
> 我每天都用三件事来反省自己：为别人做事是否尽心竭力？与朋友交往有没有不守信用？老师传授的知识都复习了吗？

己所不欲，勿施于人。

——出自《论语·颜渊》

> **释义**
>
> 自己不喜欢的事情，不要强加给别人。

朽木不可雕也，粪土之墙不可圬也。

——出自《论语·公冶长》

> **释义**
>
> 腐烂的木头不能再用来雕刻了，用脏土垒成的墙不能粉刷了。比喻对无法造就的人，用不着再去培养他了。

读书知典

有教无类的故事

春秋时期，孔子在鲁国受到排挤，带领几十个弟子开始周游列国。到达卫国后，当时的卫灵公年迈，太子蒯聩与卫夫人南子的斗争很激烈，孔子也不能插入卫国政坛，他们在子路妻兄颜浊邹家驻扎，颜浊邹想拜孔子为师，请子路引荐，子路知道他以前当过强盗，担心老师不愿收他为弟子。不料孔子却本着有教无类的原则，收下了颜浊邹这个粗俗的弟子。

国学精粹

敏而好学，不耻下问。

——出自《论语·公冶长》

释义

机敏而好学，不以向不如自己的人请教学问为耻辱。

学而不厌，诲人不倦。

——出自《论语·述而》

释义

对自己的学问从不感到满足，教诲别人从不觉得厌倦。形容人勤奋学习、耐心教人的高尚行为。

学而时习之，不亦说乎？

——出自《论语·学而》

释义

在学习过程中不断地实践和锻炼提升所学到的知识，不也是很快乐的事吗？

三人行，必有我师焉。择其善者而从之，其不善者而改之。

——出自《论语·述而》

释义

三个人同行，其中必定有能做我老师的人。对于他们的优点，就拿来学习；对于他们的缺点，则要加以克服。

温故而知新，可以为师矣。

——出自《论语·为政》

释义

温习学过的知识，从而得到新的领悟，获得新的知识，就可以做老师了。

三思而后行。

——出自《论语·公冶长》

释义

做事一定要经过深思熟虑后才去行动。

读书知典

既往不咎的故事

鲁哀公对土地神十分恭敬，打算立一个牌位来祭祀，却在为用什么样的木材而为难。于是鲁哀公请来孔子的弟子宰我，想征求他的意见。宰我说："大王可以参考古人的做法，夏朝时用的松木，殷商时多用柏木，而周朝都用栗木，栗木的'栗'和战栗的'栗'是同一个字，意思是让百姓惧怕。"孔子得知此事后，认为宰我并没有什么依据就揣测古人的用意，非常不妥当，便把宰我叫来批评教育了一番，接着又对宰我说："成事不说，遂事不谏，既往不咎。"

孟 子

　　《孟子》是战国时期孟子的言论汇编，记录了孟子与其他各家思想的争辩、对弟子的言传身教、游说诸侯等内容，由孟子及其弟子（万章等）共同编撰而成。

国学精粹

　　老吾老，以及人之老；幼吾幼，以及人之幼。

——出自《孟子·梁惠王上》

释义

　　尊敬自己的长辈，并由此推及尊敬别人的长辈；爱护自己的晚辈，由此推及也爱护他人的晚辈。

　　得道者多助，失道者寡助。

——出自《孟子·公孙丑下》

释义

能够施行仁政的人，帮助他的人就多；而不施行仁政的人，帮助他的人就少。形容正义的事业就能得到人们的支持，不合乎正义的倒行逆施则会遭到人们的反对。

尽信书，则不如无书。

——出自《孟子·尽心下》

释义

完全相信《尚书》里的话，还不如不读《尚书》。后用来规劝、告诫人们不要盲目相信或拘泥于书本。

天作孽，犹可违；自作孽，不可活。

——出自《孟子·离娄上》

释义

如果是自然所造成的灾害，还可以避免；但如果是自己种下的罪孽，则是不能逃避的。

富贵不能淫，贫贱不能移，威武不能屈，此之谓大丈夫。

——出自《孟子·滕文公下》

释义

富贵不能使其心志迷乱，困苦不能使其改变操守，威武不能使其有所屈服。这才是真正的大丈夫。

读书知典

出尔反尔的故事

"出尔反尔"原指你如何对待别人，别人也会如何对待你；在现代汉语中指人的言行反复无常，前后自相矛盾。战国时期，邹国受到鲁国军队攻击时，人民群众并不帮忙，结果邹国被鲁国杀死了三十多名官吏。孟子对邹穆公说："在人民饱受饥饿的时候，官吏选择见死不救，当他们有困难的时候，百姓自然也不会帮他们了。曾子说过：'你怎么对待别人，别人就会怎么对待你啊'。"邹穆公听了后，默默无言。

国学精粹

不以规矩，不能成方圆。

——出自《孟子·离娄上》

释义

不使用圆规和角尺，就不能准确地画出圆形和方形。用来比喻行事如果没有准则，就什么事情也办不好。

天时不如地利，地利不如人和。

——出自《孟子·公孙丑下》

释义

有良好的时令，不如有有利的地势；有有利的地势，不如有团结一致的人心。说明人心是战争中最重要和可靠的因素。

生于忧患，死于安乐。

——出自《孟子·告子下》

释义

常有忧患意识才能磨炼人的意志，让人更坚强地生存下去；而安逸享受则会消磨人的意志，使人沉沦颓废甚至灭亡。

天将降大任于是人也，必先苦其心志，劳其筋骨，饿其体肤，空乏其身，行拂乱其所为。

——出自《孟子·告子下》

释义

上天要将重大的责任降临给某人时，一定会先让他的内心经受痛苦，让他的身体经受劳累，使他经受饥饿、经受贫穷，使他的所为遭受不顺。说明做任何事都要经历一番苦难。

鱼，我所欲也；熊掌，亦我所欲也。二者不可得兼，舍鱼而取熊掌者也。

——出自《孟子·告子上》

释义

鱼是我喜欢的，熊掌亦是我喜欢的，如果两者不能同时得到，就舍弃鱼而选择熊掌。比喻当所想要的东西发生冲突时，要舍弃次要的，而选择重要的。

读书知典

一曝十寒的故事

孟子是战国时期有名的辩士，他不但有高深的学问、丰富的知识，更习惯以深刻生动的比喻来劝谏执政者。有一回，孟子对齐王做事不能坚持原则、轻信奸佞谗言很不满，便不客气地对他说："大王也太不明智了，天底下即便有生命力很强的生物，可是你让它在阳光下晒了一天，又放在阴寒的地方冻它个十天，它哪还活得成呢？我跟大王在一起的时间很短，大王即使有了一点从善的决心，可是我一不在您身边，那些奸臣就又来哄骗您，您又会没有主见地听信他们的话，叫我怎么办呢？"孟子用这个比喻告诉齐王做事要有恒心，要专心，否则是不会成功的。

诗经

《诗经》是中国最早的诗歌总集。《诗经》原本叫《诗》，收集了西周初年到春秋中叶的诗歌311篇，故又称"诗三百"。从汉朝起儒家将其奉为经典，因此称为《诗经》。

国学精粹

蒹葭苍苍，白露为霜。所谓伊人，在水一方。

——出自《诗经·国风·蒹葭》

释义

芦苇长得十分茂盛，清晨的露水已经成了霜。意中人啊，却在河的对岸。

桃之夭夭，灼灼其华。之子于归，宜其室家。

——出自《诗经·国风·桃夭》

释义

桃花怒放，美丽可爱，红艳艳的花朵多么耀眼。这位姑娘出嫁了，夫家的生活会更美好。

女也不爽，士贰其行。士也罔极，二三其德。

——出自《诗经·国风·氓》

释义

我女子没有什么差错，男子行为却前后不一致了。男人的爱情没有定准，他的感情一变再变。

青青子衿，悠悠我心。纵我不往，子宁不嗣音。

——出自《诗经·郑风·子衿》

释义

你那青青的衣领，我悠悠牵挂的心。纵然我不能到你那里去，你就不能给我个音信吗？

螓首蛾眉，巧笑倩兮，美目盼兮。

——出自《诗经·国风·硕人》

释义

亮丽的额头弯弯的眉，浅浅地一笑，迷人的眼波那一转啊，我的心也醉。

一日不见，如三秋兮！

——出自《诗经·王风·采葛》

释义

一天见不到你，就好像经过了三年啊！后来以"一日三秋"形容思念之殷切。

读书知典

赋、比、兴

赋、比、兴，《诗经》中运用的三种主要表现手法。赋，就是铺陈直叙，把思想感情及其有关的事物平铺直叙地表达出来，相当于现在的排比修辞手法。比，就是类比。对人或物加以形象的比喻，使其特点更鲜明。兴是以其他事物为发端，引起所要歌咏的内容，与诗歌内容有一定联系。"比""兴"手法可增强诗歌的生动性和鲜明性，增加韵味和形象的感染力。

国学精粹

他山之石，可以攻玉。

——出自《诗经·小雅·鹤鸣》

释义

其他山上的石头，也可以用来雕琢我的玉。比喻别国的人才也可以为本国所用。后比喻能帮助自己改正缺点的人或意见。

投我以木桃，报之以琼瑶。

——出自《诗经·国风·木瓜》

释义

你将木桃投赠给我，我拿美玉作为回报。后有成语"投木报琼"和"投桃报李"来表达礼尚往来、知恩图报的情意。

知我者谓我心忧，不知我者谓我何求。

——出自《诗经·国风·黍离》

释义

了解我心意的人知道我心中有忧愁，不了解我心意的人还以为我有所求。

呦呦鹿鸣，食野之苹。我有嘉宾，鼓瑟吹笙。

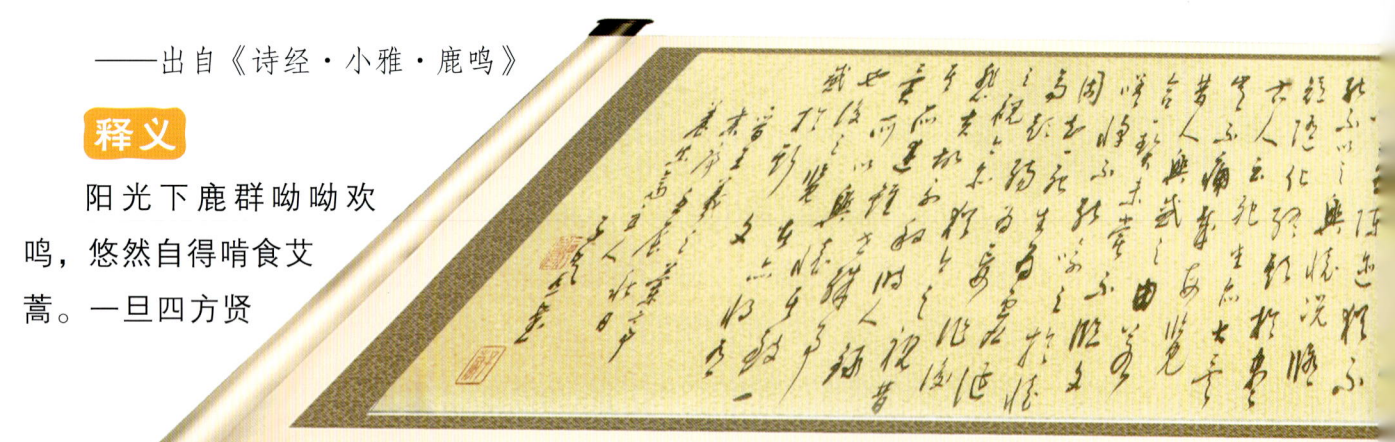

——出自《诗经·小雅·鹿鸣》

释义

阳光下鹿群呦呦欢鸣，悠然自得啃食艾蒿。一旦四方贤才光临舍下，我将奏瑟吹笙宴请嘉宾。

高岸为谷，深谷为陵。

——出自《诗经·小雅·十月之交》

释义

高山变成深谷，深谷变成丘陵。比喻世事变迁。

高山仰止，景行行止。

——出自《诗经·小雅·车辖》

释义

看到高山就停下来仰望，看到品德高尚的人就模仿他，虽然不能达到他们的高度，但心里还是努力那么去做。

读书知典

采诗官

《诗经》得以流传，要感谢这样一种职业，每年的暮春三月或孟秋七月，便有人背着竹简，手摇木铎出发了。他们行走在田间陌上，游荡于山林之间，晓行夜宿。其工作任务是：去看，去听，然后记录。劳动者的歌咏、民间的疾苦、民众的呼声……——记录下来。夜幕降临，一天的行程结束，回到居所后，将一天的收获编撰成诗记录在简牍上。这些人就是最古老、最有品位的文化工作者——周代采诗官。

尚 书

《尚书》最早书名为《书》，是一部追述古代事迹著作的汇编。分为《虞书》《夏书》《商书》《周书》。因是儒家五经之一，又称《书经》。

国学精粹

制治于未乱，保邦于未危。

——出自《尚书·周书·周官》

释义

在国家没有产生动乱之前，就订立各种法令制度进行治理；在国家没有产生危机的时候，便采取保卫措施。

树德务滋，除恶务本。

——出自《尚书·周书·泰誓》

释义

培育良好的德行，务求滋长；铲除邪恶，务求除根。

为善不同，同归于治；为恶不同，同归于乱。

——出自《尚书·周书·蔡仲之命》

释义

（君主）行善的方式虽然各有不同，但同样都会达到安定统治；行恶的方式也各有不同，但同样也会导致动乱。

偃武修文，归马于华山之阳，放牛于桃林之野。

——出自《尚书·周书·武成》

释义

停止战争准备和操练，施行文教，把战马都放还到华山的南面，把牛都放还到桃林的旷野。

貌曰恭，言曰从，视曰明，听曰聪，思曰睿。

——出自《尚书·周书·洪范》

释义

态度要谦恭，言论要从善如流，观察敏锐透彻，听取意见要辨别清楚，思考问题要睿智。

非知之艰，行之惟艰。

——出自《尚书·商书·说命中》

释义

明白道理是不困难的，真正困难的是付诸行动。

无稽之言勿听，弗询之谋勿庸。

——出自《尚书·虞书·大禹谟》

释义

毫无根据的话不要听信，没有征求过意见的主意不要采用。

读书知典

《尚书》中的成语典故（一）

《尚书》这部经典，文字晦涩难懂，读过的人或许不是太多。但出自这部书的成语却是我们现在经常使用的，如克明俊德、好生之德、念兹在兹、克勤克俭、如丧考妣、巧言令色、玉石俱焚、离心离德、同心同德、奇技淫巧、玩物丧志、暴殄天物、无稽之谈、满招损，谦受益等。

国学精粹

德无常师，主善为师。

——出自《尚书·商书·咸有一德》

释义

德行修养是没有固定的老师的，以善为原则的人都是自己学习的榜样。

好问则裕，自用则小。

——出自《尚书·商书·仲虺之诰》

释义

谦虚好问的人气度就宽宏，自以为是的人气量就狭小。

必有忍，其乃有济；有容，德乃大。

——出自《尚书·周书·君陈》

释义

能忍耐，就可以办成事情；宽宏大量，就有高尚的道德。成语"有容乃大"出于此。

任贤勿贰，去邪勿疑。

——出自《尚书·虞书·大禹谟》

释义

任用贤才不要有二心，铲除邪恶不要有疑虑。指用好人一定要信任，除坏人一定要果断。

满招损，谦受益。

——出自《尚书·虞书·大禹谟》

释义

骄傲自满会招致损害，谦虚谨慎会带来益处。这句话告诫人们应谦虚处事。

玩人丧德，玩物丧志。

——出自《尚书·周书·旅獒》

释义

喜欢玩弄别人，会有损于自己的道德；只顾迷恋喜欢的器物，会让人丧失进取的心志。

克勤于邦，克俭于家。

——出自《尚书·虞书·大禹谟》

释义

报效国家，要能够勤劳；主持家政，要能够节俭。成语"克勤克俭"出于此。

民惟邦本，本固邦宁。

——出自《尚书·夏书·五子之歌》

释义

百姓是国家的根本，百姓安居乐业了，国家才能安宁。

读书知典

《尚书》中的成语典故（二）

源自《尚书》的成语典故还有：有条不紊、有备无患、皇天后土、名山大川、多才多艺、功亏一篑、杀人越货、推贤让能、有容乃大、发号施令、独夫民贼、恶贯满盈、光天化日、五音六律、马放南山、牛归桃林、人心惟危等。

礼 记

《礼记》又名《小戴礼记》《小戴记》，据传是孔子的七十二弟子及其学生们所作，西汉礼学家戴圣所编，书中内容主要写先秦的礼制，是研究先秦社会的重要资料，更是一部儒家思想的资料汇编。

国学精粹

玉不琢，不成器；人不学，不知道。是故古之王者建国君民，教学为先。

——出自《礼记·学记》

释义

玉不经过雕琢，就不能成为器具；人不通过学习，就不懂得道理。所以古代的帝王建立国家、治理百姓，都把教育和学习放在首位。

苟利国家，不求富贵。

——出自《礼记·儒行》

释义

只求有利于国家，不求个人富贵。

德配天地，居处有礼，进退有度。

——出自《礼记·经解》

释义

德行应与天地相匹配，起居要有一定的礼仪，应对进退要合乎规章制度。

大道之行也，天下为公。

——出自《礼记·礼运》

释义

大道施行于天下时，天下是人们所共有的。

读书知典

卞和献玉

从前有个名叫卞和的楚国人，他在山里找到了一块还没有加工过的玉石，便把这块玉石献给当时的楚厉王。没想到，宫里的玉匠竟说这只是一块普通的石头，厉王一听很生气，当即下令砍掉了卞和的左脚。

厉王死后，武王继位，卞和又将这块玉石献给武王，可是，武王也不相信他的话，便砍掉了卞和的右脚。卞和失望地抱着石头，在山脚下哭了三天三夜。

文王即位后知道了这件事，便将卞和请进宫来，命令玉匠把这块石头好好打磨一下，发现果然是一块上等的美玉，于是便将它命名为和氏璧。

国学精粹

人之所以为人者，礼义也。

——出自《礼记·冠义》

释义

人之所以是人（区别于其他生物），是因为人有礼义啊。

恭近礼，俭近仁，信近情。

——出自《礼记·表记》

释义

恭敬接近礼，节俭接近仁，诚信接近人本来的性情。本句阐明了恭、俭、信在礼义中至高无上的地位。

富贵而知好礼，则不骄不淫；贫贱而知好礼，则志不慑。

——出自《礼记·曲礼上》

释义

生活富裕又遵循礼节，就不会骄傲放荡；生活贫困而不失礼节，就会有志气而不会怯懦迷惘。

饮食男女，人之大欲存焉。

——出自《礼记·礼运》

> **释义**
>
> 吃饭穿衣,男欢女爱,是人们存在的最大欲望。

予唯不食嗟来之食,以至于斯也。

——出自《礼记·檀弓下》

> **释义**
>
> 我就是因为不吃别人施舍的食物,才落得这个样子啊。

入竟而问禁,入国而问俗,入门而问讳。

——出自《礼记·曲礼上》

> **释义**
>
> 到一个地方,就要问问那里的禁忌;到一个国家,就要问问那里的民俗;到陌生人家里,就要问问人家的忌讳。

读书知典

嗟来之食

周朝时,齐国遭遇饥荒,很多人被活活地饿死。有个叫黔敖的贵族想发点善心,便在路边摆下食物,等着饥民过来吃。不久,便有个饿汉用袖子蒙着面孔,跌跌撞撞地走了过来。黔敖左手拿着吃的,右手拿着喝的,对他说:"嗟(不礼貌的招呼声)!"来吃吧!那个饿汉睁大眼睛看了看黔敖和食物,说:"我正是因为不吃这种'嗟来之食'(吆喝着施舍的东西),才饿成这副样子的!"

国学精粹

古之教者，家有塾，党有庠，术有序，国有学。

——出自《礼记·学记》

释义

古时候教学，家里有私塾，乡里有乡学，郡县有郡学，国家有太学。

内称不避亲，外举不避怨。

——出自《礼记·儒行》

释义

举荐人才，即使是亲属也不回避，即使是仇敌也不埋没。说明举荐者应胸怀宽广，公正无私。

得众则得国，失众则失国。

——出自《礼记·大学》

释义

得到民众的拥护，就能保住国家；失去民众的拥护，就会失去国家。

苛政猛于虎也。

——出自《礼记·檀弓下》

释义

繁重的政令和赋税比老虎还要凶猛！

人莫知其子之恶。

——出自《礼记·大学》

释义

人们常常不了解自己孩子的缺点。说明人总是因为溺爱而带有偏见。

一张一弛，文武之道。

——出自《礼记·杂记下》

释义

有紧张也有松弛，宽严结合，这是文王、武王治理国家的办法。现多用来指学习、工作或生活应劳逸结合。

礼尚往来。往而不来，非礼也；来而不往，亦非礼也。

——出自《礼记·曲礼上》

释义

礼所崇尚的就是有施有报。往而不来是不合乎礼仪的，来而不往也是不合乎礼仪的。

读书知典

苛政猛于虎

春秋时期，孔子和他的学生子路经过泰山边时，看到一位妇女在墓旁边痛哭，孔子便叫子路上前询问原由。妇女说他的公公、丈夫、儿子都先后被山里的老虎吃了。孔子问她为什么不离开这个地方，妇女说，这里没有苛捐杂税，一家人才逃避到这里生活。孔子感慨地对学生们说："你们看，繁重的政令和赋税比老虎还要凶猛啊！"

国学精粹

君子之接如水，小人之接如醴。

——出自《礼记·表记》

释义

君子之间的交往像水一样清淡，而小人之间的交往则像醴酒一样甜蜜。

鹦鹉能言，不离飞鸟；猩猩能言，不离禽兽。

——出自《礼记·曲礼上》

释义

鹦鹉虽然能说话，但它还是飞禽；猩猩虽然能说话，但它还是走兽。比喻人因为讲礼仪，才会与飞禽走兽有区别，强调人要懂礼。

君子不失足于人，不失色于人，不失口于人。

——出自《礼记·表记》

释义

德行高尚的君子，对人的一举一动没有不得体的地方；对人的神色态度没有不合适的地方；对人的一言一语没有失礼的地方。

不学操缦，不能安弦。

——出自《礼记·学记》

释义

不先学会调弦，就不能熟练地弹琴奏曲。比喻不论干什么，都要先从基本功着手。

心不在焉，视而不见，听而不闻，食而不知其味。

——出自《礼记·大学》

释义

心思不在那里，看什么也看不到，听什么也听不到，吃什么也吃不出味道来。说明不专心致志就难有所成，成语"心不在焉"由此而来。

苟日新，日日新，又日新。

——出自《礼记·大学》

释义

如果每天都能让自己更新，那就应该天天更新，不断进入新的境界。说明每天都应让自己有所提高和进步。

读书知典

《礼记》中的春节

冬日的一天，子贡去观看腊祭，也就是每至年末所举行合祭百神的祭祀活动。观看完毕，孔子问子贡："你看到人们的欢乐了吗？"子贡回答："全国的人高兴得都像疯狂了似的，我不知道有什么可欢乐的。"听闻弟子的话，孔子遂以反问的形式启发子贡："人们辛辛苦苦劳作一年，才在腊祭这一天享受恩赐的福泽，这种欢乐不是你所能理解的。"这里的"腊祭"就是当时无论官方还是民间都视为极为庄重的春节祭祀。农历把十二月称之为"腊月"，正是在该月进行隆重的"腊祭"。这个月里，天子要和群臣在太学举办宴会，共饮美酒，并祭祀宗庙。

周易

　　《周易》是阐述天地间万象变化的古老经典，其中蕴含着朴素深刻的自然法则和辩证思想，其从整体的角度去认识和把握世界，把人和自然看作是一个互相感应的有机整体，即"天人合一"，因此在古代长期被用来"卜筮"，也就是对未来事态的发展进行预测，《周易》便是总结这些预测的规律理论的书。

国学精粹

方以类聚，物以群分，吉凶生矣。

——出自《周易·系辞上》

释义

天地间的事物都是以同类相聚成群的规则来区分的，吉凶就在同和异的矛盾中产生。

形而上者谓之道，形而下者谓之器，化而裁之谓之变。

——出自《周易·系辞上》

释义

超出形体之上的抽象部分被称之为道；具体可见的被称之为器。当把道和器相互利用转化时，就称之为变。

吉人之辞寡，躁人之辞多。

——出自《周易·系辞下》

释义

贤明正直的人话少，浮躁虚妄的人话多。

穷则变，变则通，通则久。

——出自《周易·系辞下》

> **释义**

事物到了山穷水尽的地步就必然有所变化，变化则能通达，能通达则能恒久。

二人同心，其利断金。同心之言，其臭如兰。

——出自《周易·系辞上》

> **释义**

两个人心意相通，他们的力量大得可以把坚硬的金属弄断；同心同德的人见解一致，其说服力强，人们就像嗅到芬芳的兰花香味，容易接受。

君子安而不忘危，存而不忘亡，治而不忘乱。

——出自《周易·系辞下》

> **释义**

有德行的人治理国家，在国家安定的时候，不要忘记危险会随时来临；国家存在的时候，不要忘记可能灭亡的危险；在天下太平无事时，不要忘记动乱会在瞬间发生。

读书知典

伏羲画卦的传说（一）

相传，远古时期，人们对大自然一无所知。天气会变化，日月会运转，人会生老病死，所有这些现象，谁也不知道是怎么回事。人们遇到无法解答的问题，都到宛丘问伏羲，伏羲解答不了时，就会感到很茫然，人们也会为此每天提心吊胆地过日子。

如何了解大自然这些奇奇怪怪的现象，伏羲经常环顾四方，揣摩着日月经天、斗转星移，猜想着大地寒暑、花开花落的变化规律。他看到中原宛丘一带蓍草茂密，显示象数效果好，惊喜万分，此后便开始用蓍草为人们卜筮。

国学精粹

善不积，不足以成名；恶不积，不足以灭身。

——出自《周易·系辞下》

释义

不积累善举，不足以成就美名；不积累恶行，不足以使自己灭亡。

小人不耻不仁，不畏不义，不见利不劝，不威不惩。

——出自《周易·系辞下》

释义

小人不以不仁义为耻辱，不怕背信弃义，不看到好处就不努力做事，不对他施加威严就不知道害怕。比喻对待小人要恩威并施，掌握住他的心理。

德薄而位尊，知小而谋大，力小而任重，鲜不及矣。

——出自《周易·系辞下》

> **释义**
>
> 德行浅薄却地位尊崇,智商低下却图谋大事,力量微弱却负担重任,这样很少有不招致祸端的。

天行健,君子以自强不息。

——出自《周易·象传》

> **释义**
>
> 自然界运行刚健有力,周而复始,君子也应像自然界一样努力向上,永无休止。成语"自强不息"由此而来。

地势,坤;君子以厚德载物。

——出自《周易·象传》

> **释义**
>
> 君子应当像大地一样,以宽厚的德行去负载万物。成语"厚德载物"由此而来。

读书知典

伏羲画卦的传说(二)

伏羲整天拿着那片蓍草叶,琢磨上面的花纹,怎么也解不开其中的奥妙。这天他坐在白龟池边思考,忽听池水哗哗作响,定睛一看,白龟从水底游到他面前,亮晶晶的双眼看着他,接着向他点了三下头,脑袋往肚里一缩,卧在水边不动了。他面对白龟聚精会神地观察起来。渐渐地,他发现白龟壳上的花纹中间五块,周围八块,外圈十二块,最外圈二十四块,顿时心里亮堂了,悟出了天地万物的变化规律——惟一阴一阳而已。他用"—"作阳,用"--"作阴,三道为一组进行组合,画出八种不同图案。

后人称伏羲八卦为伏羲先天八卦,并把八个卦形命名为乾、坤、震、巽、坎、离、艮、兑,这八个字分别象征天、地、雷、风、水、火、山、泽,始有八卦,进行占卜吉凶,希望得到神意的显示。正是这种对世界的初步认识和把握方式,孕育着中国哲学的萌芽,奠定了中国乃至东方文化思想的一个重要特征,这也是后来《周易》的思想基础。

国学精粹

天地不交，否。君子以俭德辟难，不可荣以禄。

——出自《周易·象传》

释义

天地之气不交接，象征着闭塞。君子观此卦象当以勤俭之德避难，不可追求荣华俸禄。

反复其道，七日来复，天行也。

——出自《周易·象传》

释义

阴阳反复是自然法则，每七日一次反复，这就是阴阳此消彼长的循环规律。

同声相应，同气相求。

——出自《周易·乾》

释义

声调、话语等都相同就会产生情感上的共鸣，气息、气质等都相同就会彼此吸引。

日月得天，而能久照；四时变化，而能久成。

——出自《周易·象传》

释义

太阳和月亮遵循天体运行的规律，就能永远的照射万物；春夏秋冬四季遵循自然规律循环往复，就能滋生万物。

时止则止，时行则行。动静不失其时，其道光明。

——出自《周易·象传》

释义

在应该停止的时候就停止，在应该行动的时候就行动。行动或者停止都不错过最好的时机，这样就将前途光明。

汤武革命，顺乎天而应乎人。

——出自《周易·象传》

释义

商汤和周武二王的革命，是顺应天命，合乎民心的。

读书知典

红马黑马

袁天罡、李淳风是著名的易经大师，二人是师兄弟，都是唐太宗的国师。一天，二人跟随唐太宗出游，在河边看见一红一黑两匹马下水。唐太宗就问："你们说说看，应该是哪匹马先从水中出来？"袁天罡起了一卦，是离卦，离为火，火是红色，所以他断定红马先起来。李淳风却说："不对，应该是黑马先起来。"结果是黑马先起来。唐太宗很疑惑，李淳风解释道："火未起，烟先发，起火之前要先冒烟，烟是黑色的，所以是黑马先起来。"其实，《易经》的道理，就是自然事物的道理，并不神秘，所谓的"易经大师"，无非是通达人情，熟悉物理。

国学精粹

君子藏器于身，待时而动。

——出自《周易·系辞下》

释义

君子有卓越的才能却不到处炫耀，而是在恰当的时刻把才能施展出来。

仁者见之谓之仁，知者见之谓之知。

——出自《周易·系辞上》

释义

仁者看见仁的方面，智者看见智的方面。说明同样的事情，不同的人从不同角度、立场出发就会有不同的见解。

日中则昃，月盈则食。

——出自《周易·丰》

释义

太阳升到了中午就开始西斜，月亮满盈后就开始亏损。比喻事物盛极则衰，物极必反。

言行，君子之枢机。枢机之发，荣辱之主也。

——出自《周易·系辞上》

释义

言论行动，是君子做事情的关键。关键的发起，主宰着事情的成败、人身的荣辱。

言行，君子之所以动天地也，可不慎乎。

——出自《周易·系辞上》

释义

言行，是君子用来感动天地的，怎么能够不慎重呢？说明君子的一言一行都应谨慎。

君子以见善则迁，有过则改。

——出自《周易·象传》

释义

君子见到美善的品行就倾心追随、努力学习，有了错误就迅速改正。

读书知典

群蛆食体

隋朝末年，天下群雄并起，当时李渊为太原留守，李世民和刘文静一起劝李渊造反。李渊虽然嘴上答应了，但是心里十分不安。起兵的前天夜里，李渊梦见自己掉到了床下，浑身上下被虫蛆所啃食，心中十分厌恶。

第二天，李世民和刘文静劝他去找高人圆梦，询问吉凶。早就被李世民和刘文静买通的高人说："这梦说明你一定可以得到天下，因为床下即陛下，群蛆食体，就是说众生全要依靠你一个人而活。"李渊大喜，立刻下令起兵。

这个故事说明，心理暗示有着强大的力量，圆梦是这样，占卜也是如此。古代是没有心理咨询师这种职业的，算卦的术士在一定程度上充当了心理咨询师的作用。

春秋三传

"春秋三传"是指3部对《春秋》所记载的历史进行补充、解释、阐发的作品，分别是《春秋左氏传》《春秋公羊传》和《春秋谷梁传》。《春秋》经文言简义深，如果没有注解，很难理解和传播。三传从不同的方面阐释了《春秋》的观点，对《春秋》做了很好的补充和说明。

左传

《左传》原名《左氏春秋》，相传是春秋末年左丘明为解释孔子的《春秋》而作，主要记录了周王室的衰微，诸侯争霸的历史，对各类礼仪规范、典章制度、社会风俗、民族关系、道德观念、天文地理、历法时令、古代文献、神话传说等均有记述和评论。它是记录春秋时期社会状况的重要典籍，工于记事，长于记人。内容多取材于王室档案、诸侯国史等。《左传》是研究先秦历史和春秋时期历史的重要文献，它代表了先秦史学的最高成就，对后世的史学发展产生了很大影响，特别是对确立编年体史书的地位起了很大作用。

公羊传

　　《公羊传》上起鲁隐公元年，止于鲁哀公十四年，与《春秋》起讫时间相同。其作者是卜商的弟子，战国时齐国人公羊高。起初只是口说流传，西汉景帝时，传至玄孙公羊寿，由公羊寿与胡母生一起将《春秋公羊传》写在了竹简和丝帛上。《公羊传》是经传合并，传文逐句传述《春秋》经文的大义，与《左传》以记载史实为主不同。《公羊传》是今文经学的重要经籍，历代今文经学家时常用它作为议论政治的工具。同时它还是研究先秦至汉间儒家思想的重要资料。

谷梁传

　　《谷梁传》传说是孔子的弟子子夏将这部书的内容口头传给谷梁赤的，谷梁赤将它写成书记录下来，其记载的时间起于鲁隐公元年，止于鲁哀公十四年，体裁与《公羊传》相似，以语录体和对话文体为主，用这种方式来注解《春秋》，它是研究儒家思想从战国时期到汉朝演变的重要文献。

国学精粹

君处北海，寡人处南海，唯是风马牛不相及也。

——出自《左传·僖公四年》

释义

您住在北面，我住在南面，即使牛马奔驰，也绝不会到达对方境内。比喻事物之间相差太远，毫不相干。

然犹防川：大决所犯，伤人必多，吾不克救也。不如小决使道。

——出自《左传·襄公三十一年》

释义

（防止百姓议论时政）就像预防洪水一样。洪水决堤造成的损害，受伤的人肯定很多，我无法挽救。不如开个小口子，把水慢慢地放掉，加以疏导。

虽楚有才，晋实用之。

——出自《左传·襄公二十六年》

释义

虽然楚国有很多人才,但都被晋国任用了。这是成语"楚才晋用"的出处。比喻人才外流,于己是灭顶之灾。

数典而忘其祖。

——出自《左传·昭公十五年》

释义

列举以前发生的事情,却忘记了自己祖宗的事。比喻对于本国历史的无知。成语"数典忘祖"源于此。

非我族类,其心必异。

——出自《左传·成公四年》

释义

不是我们同族的人,他们必定和我们不是同一条心。

读书知典

数典忘祖

春秋时期,晋国以荀跞和籍谈为使节出使周王室。周景王设宴款待二人,宴席中所用的酒壶是鲁国进贡的,景王于是问:"各诸侯国都会进贡一些物品给周王室,为什么独独晋国没有物品进贡呢?"

籍谈回答道:"每个诸侯国都曾领受过周王室的赏赐,所以必须进献宝贵的器物回馈王室的恩典。由于晋国地处深山边塞,与周王室距离遥远,王恩实在是没办法惠及,我们又疲于应付戎狄的骚扰,哪还有什么东西可用来贡献的呢?"

景王听了颇不以为然,于是细数从晋国祖先开始,周王室曾经的种种赏赐,并责问籍谈:"你的先人是负责掌管国家典籍的,为什么你会忘了这些史事呢?"

籍谈听后,张口结舌。等他离开后,周景王又评论籍谈说:"像籍谈这么忘本的人,后代子孙应该不会有什么出息吧!竟然会列举一堆典故来评论事情,却反而将自己祖先掌管典籍的事忘了。"

后人便用"数典忘祖"来比喻一个人忘本。

国学精粹

不去庆父，鲁难未已。

——出自《左传·闵公元年》

释义

（庆父：鲁庄公的弟弟，庄公死后两次杀死鲁国国君而继位的国君。）不除去庆父，鲁国的灾难就没完。后多指国家不除掉作恶多端的人，就不得安宁。成语"庆父不死，鲁难未已"由此而来。

居安思危，思则有备，有备无患。

——出自《左传·襄公十一年》

释义

身处安乐的环境要考虑到危险，考虑到了就能有所防备，有了防备也就没有祸患了。成语"居安思危"由此而来。

众怒难犯，专欲难成。

——出自《左传·襄公十年》

释义

众人的愤怒不可触犯，一意孤行很难成功。

肉食者鄙，未能远谋。

——出自《左传·庄公十年》

释义

那些饱食终日的高官厚禄者见识浅陋，没有什么深谋远虑。常用于讽刺封建社会的官僚政客。

一日纵敌，数世之患也。

——出自《左传·僖公三十三年》

释义

一朝放走了敌人，就会成为几代人的祸患。

读书知典

一国三公

春秋初年，晋献公的夫人骊姬深得晋献公的宠爱，竟想废去嗣立多年的太子申生，改立骊姬刚生下的儿子奚齐为太子。可申生是献公已故夫人齐姜所生，作为太子，早已为举国上下所承认。而且献公宠妾所生的重耳、夷吾与申生也十分亲近，骊姬便拉拢献公的宠臣设计，把申生、重耳、夷吾三人从献公身边支开，疏远他们父子之间的感情。

宠臣便向献公进言道："曲沃是先君宗庙所在，蒲邑、屈邑是边疆要地，如果派太子坐镇曲沃，重耳、夷吾分管蒲邑、屈邑，主公居中指挥，可以安如磐石。"献公迟疑问："曲沃可以坐镇，可蒲邑、屈邑乃荒野之地，如何可守？"宠臣说："不筑城是荒野，筑了城便是都邑。这样一来，既为晋国开拓了边疆，又能成为内地的屏障。"

献公被说动，便派士蒍奉命监筑蒲邑、屈邑二城，士蒍猜透骊姬必有夺嫡之谋，献公已萌改立之心，于是就胡乱凑些木材，堆筑上墙，草草完工。

公子夷吾发现城墙修筑得并不坚固，便向献公诉说士蒍办事不力，献公便将士蒍斥责一番。士蒍嘴上不敢说什么，心中十分不满，回到府中作诗道："狐裘龙茸，一国三公，吾谁适从。"意思是指这个国家贵人太多，好像有三个头儿，你要这样，他要那样，叫我听谁的好？

后人便用"一国三公"来表示事权不统一，令人无所适从。

国学精粹

辅车相依,唇亡齿寒。

——出自《左传·僖公五年》

释义

面颊和牙床骨是相互依存的;没有了嘴唇,牙齿就会感到寒冷。用来比喻关系密切,利害相关。

皮之不存,毛将焉附?

——出自《左传·僖公十四年》

释义

皮都不存在了,毛还能长哪儿呢?用来比喻根本和基础没有了,与之相关的事物也就无法生存。

末大必折,尾大不掉。

——出自《左传·昭公十一年》

释义

树梢太过茂盛,主干就会折断;动物的尾巴太大,掉转方向就不灵活。比喻机构庞大、涣散,以致指挥不灵。

大德灭小怨,道也。

——出自《左传·定公五年》

释义

大的恩德消除小的怨恨，是符合道理的。

人谁无过？过而能改，善莫大焉。

——出自《左传·宣公二年》

释义

人没有不犯错误的，有了过错能够改正，就是再好不过的事了。

多行不义，必自毙。

——出自《左传·隐公元年》

释义

不道义的事情做多了，一定会自取灭亡。

读书知典

子罕辞玉

春秋时期，宋国有一个人得到一块宝玉，留在家中担心有人来抢，拿出去卖又担心被商人占了便宜，于是他决定把这块玉献给京城里的大官来换个官职。

于是，他来到掌管工程的大官子罕府上献玉。子罕一向清廉，见他莫名来献玉觉得奇怪，便问："我与你素不相识，你为什么要献玉给我？我可是从不收别人礼物的。"宋人以为子罕怀疑这玉是假的，便说："这块玉我请玉匠看过，确实是一块真玉，是价值连城的宝物，我才来献给您的。"子罕说："我把不贪的品格当作珍宝，您把这块玉石当作珍宝，如果您把玉给了我，我们俩就都丧失了珍宝，不如你我还是各自保存自己的珍宝吧！"那人跪下恳求道："我们小百姓，拿着这样珍贵的东西，就是不敢出门，我把它献给您，就是为了免于祸患。"子罕就让那人暂时住下，请玉匠把那块宝玉雕琢加工好，然后帮他把玉卖掉，把所得的钱全部交给了那个人，并派人送他回家。

后来，人们就用"不贪为宝"这个成语来形容清正廉洁的高尚品质。

国学精粹

君子以其不受为义，以其不杀为仁。

——出自《春秋公羊传·襄公二十九年》

释义

君子辞让国君之位，是很讲道义的；避免亲人之间的互相残杀，是很仁德的。

拨乱世，反诸正，莫近诸《春秋》。

——出自《春秋公羊传·哀公十四年》

释义

治理动荡的社会，让它回归正道，没有能超过《春秋》一书的了。成语"拨乱反正"出于此。

杀人以自生，亡人以自存，君子不为也。

——出自《春秋公羊传·桓公十一年》

释义

通过毁灭别人来换得自己的生存，真正有德行的君子是不会这样做的。

饥者歌其食，劳者歌其事。

——出自《春秋公羊传·宣公十五年》

> **释义**

饥饿的人用歌来表达他们对食物的渴望,劳动的人用歌来表达他们劳累的心情。

君不君,臣不臣,此天下所以倾也。

——出自《春秋谷梁传·宣公十五年》

> **释义**

国君不像国君的样子,臣子不像臣子的样子,这就是国家倾覆的原因。

言之所以为言者,信也。言而不信,何以为言?

——出自《春秋谷梁传·僖公二十二年》

> **释义**

言语之所以被称为言语,是因为恪守诚信。言语不能守信,怎么能算是言语呢?

读书智典

春秋笔法

春秋笔法也称春秋笔削或春秋书法,又称微言大义,是孔子在修订鲁国史书《春秋》记述历史时首创的一种文章写法。即对于当时那些重大的、不好定论的史实,往往欲言又止,只以三言两语,作蜻蜓点水的提示,然后让读者自己体味。也就是说不直接阐述对人物和事件的看法,而是通过细节描写、修辞手法和材料的筛选,委婉而微妙地表达作者的主观思想倾向和看法。

春秋笔法与其说是一种写作方法,不如说是一门语言艺术,因孔子写《春秋》时首次使用而得名"春秋笔法"。

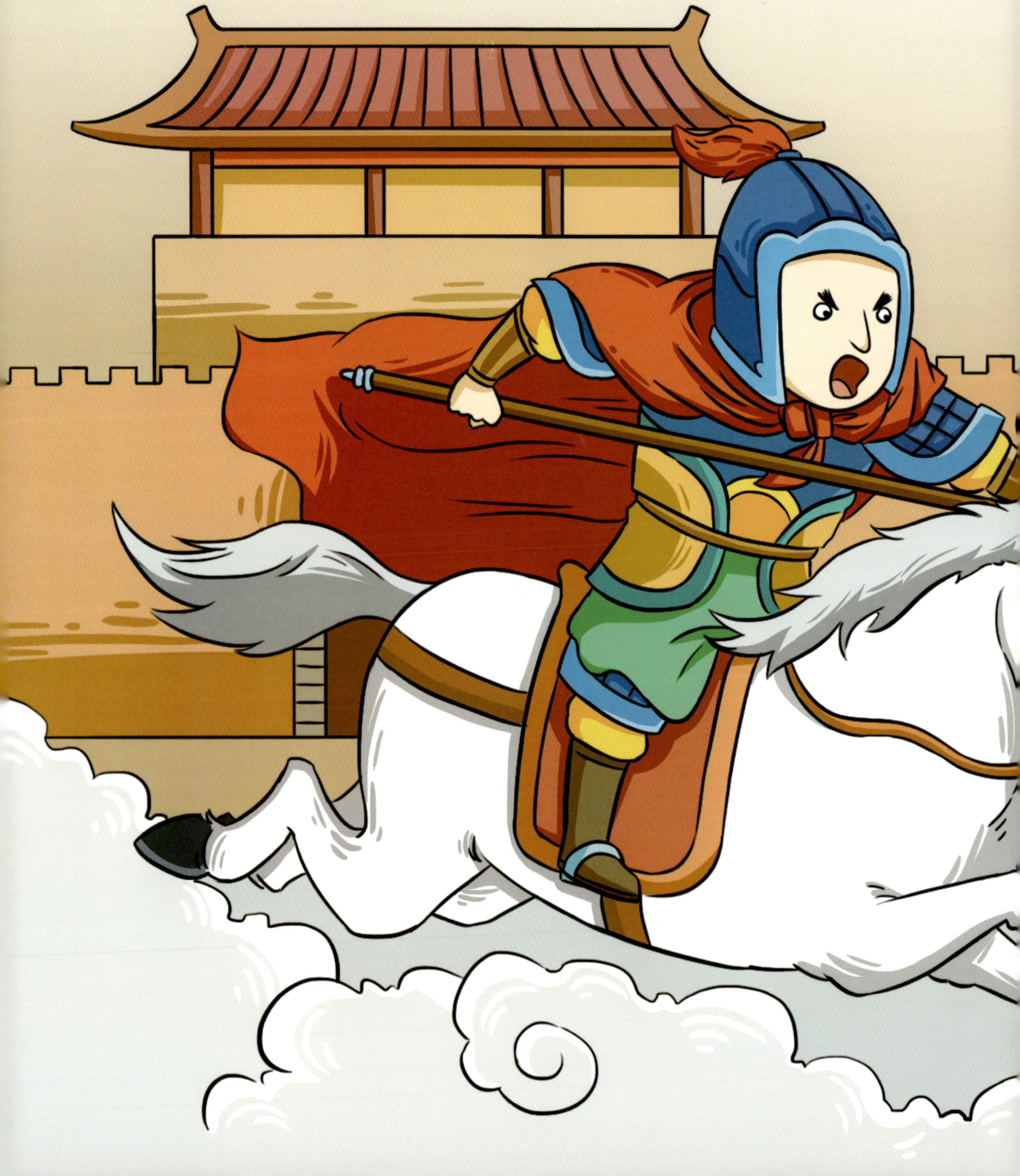

史篇

国 语

《国语》是中国最早的一部国别体史书，全书共21篇，分《周语》3篇、《鲁语》2篇、《齐语》1篇、《晋语》9篇、《郑语》1篇、《楚语》2篇、《吴语》1篇、《越语》2篇，八国各自成篇。记事时间，自西周中期至春秋战国之交，前后约五百年。

国学精粹

祸不好，不能为祸。

——出自《国语·周语》

释义

不喜好招来灾祸的事，就不会招来灾祸。

见乱而不惕，所残必多，其饰弥章。

——出自《国语·周语》

释义

看到乱子出现还不警惕，损失就会更多；掩饰自己的过错，只会使过错更加明显地表露出来。

民虑之于心，而宣之于口，成而行之，胡可壅也？若壅其口，其与能几何？

——出自《国语·周语》

释义

老百姓把内心考虑的事说出来，这是内心想法的自然流露，怎么能加以堵塞呢？如果硬是堵住老百姓的嘴，那赞同的人能有多少呢？

> 为川者决之使导，为民者宣之使言。

——出自《国语·周语》

释义

治理河道，要用疏导的办法使其通畅；治理百姓，要引导百姓使其敢言。成语"防民之口，甚于防川"由此而来。

> 民可近也，而不可上也。

——出自《国语·周语》

释义

对待百姓，应当亲近他们，但不能够凌驾于他们之上。

> 王事唯农是务，无有求利于其官，以干农功。

——出自《国语·周语》

释义

在所有的公事当中，最重要的是专务于农业。没有为了自己的利益而妨害农事的。

读书知典

召公谏厉王止谤

西周末年，周厉王在位时，非常残暴，民怨沸腾。召公告诫厉王，希望他爱惜百姓。厉王不听，派人去监视百姓的言行，发现发表不同意见者，统统抓起来杀头。一时间，人人自危，人心惶惶。百姓在路上相遇不敢交谈，只能以目示意。

召公听说此事后劝谏厉王说："你把抱怨的人抓来杀了，等于是捂住了百姓的嘴巴。捂住百姓的嘴巴，比堵水还危险。河水被堵，就四处泛滥，伤害许多人。治河的重点是开渠引流，管理百姓的关键是让他们说出心里话。在百姓的议论中正好能反映我们为政的好坏。根据百姓的言论来实行好的，防备坏的，才能让百姓衣食无忧。"

可厉王不听召公的劝谏，终于引起了后来的"国人暴动"，自己被赶下了王位。

国学精粹

不厚其栋，不能任重。重莫如国，栋莫如德。

——出自《国语·鲁语》

释义

不使用粗壮的房梁，就不能承受屋顶的分量。没有什么事物重得过国家的利益，支撑如此重量的栋梁莫过于高尚的品德。

塞水不自其源，必复流。

——出自《国语·晋语》

释义

堵塞流水不从发源的地方堵，一定会继续流淌。比喻处理问题必须治本。

上医医国，其次疾人。

——出自《国语·晋语》

释义

最高明的医生能医治国家的疾病，然后才给人看病。

拱木不生危，松柏不生埤。

——出自《国语·晋语》

> **释义**

粗壮的大树不生在屋脊上，松柏不生在矮墙上。比喻人才的成长要有一定的条件。

国斯无刑，偷居幸生。

——出自《国语·晋语》

> **释义**

国家若是没有刑法，侥幸于苟且偷生之人就会存在。

松柏之地，其土不肥。

——出自《国语·晋语》

> **释义**

在长满松柏的地方，土质不会肥沃。用来比喻物不两盛。与"松柏之下，其草不殖"是一个意思。

读书知典

叔向贺韩宣子

晋国大夫韩宣子抱怨自己太穷，晋国名臣叔向却向他道贺，宣子不解。叔向就讲了晋国本国历史上贫官和富官的两个故事。

一个故事说的是栾武子一家三代的事。栾武子家里不富裕，按当时规制，他作为执政大夫应有五百亩良田，可他家连百亩田都不到，宗庙的设施也很简陋。但他注重宣扬德行，遵行法度，诸侯亲近他，狄戎感念他，因此使晋国安定下来。后来，即便他弑君另立，都没有惹来灾祸。他儿子恒子执政时骄奢贪婪，还触犯法律，只是仗着他父亲的功绩名声，才没遭难。到恒子的儿子怀子执政时，尽管他改变父亲的做法，遵守爷爷的德性，但还是受到父亲的连累，最后跑到楚国避难去了。

另一个故事是讲郤昭子执政时，大肆敛财，到了富可敌国的地步。仗着财势，他忘乎所以，横行霸道。结果，他的尸体在朝堂上示众，连宗室都被灭了。

叔向告诉宣子：你的贫困像栾武子，我相信你的德行也像他一样，所以我向你道贺。如果你不担心德行只忧虑财富，我哀悼你还来不及，哪会道贺呢？

国学精粹

勤民以自封也，死无日矣。

——出自《国语·楚语》

释义

以劳苦人民来富足自己，这样做，末日很快就会到来了。

声一无听，物一无文。

——出自《国语·郑语》

释义

声音只有一个调就没有什么可听的，颜色都一样就不构成美丽的花纹。句义强调要和谐而不完全相同，保持万物各自的特性和优点，让它们和而共生。

盛而不骄，劳而不矜其功。

——出自《国语·越语》

释义

伟大而不骄傲，勤劳而不自夸有功。

得时无怠，时不再来，天予不取，反为之灾。

——出自《国语·越语》

释义

得到了机遇就不要懈怠，机遇一旦错过，就不会再度重来。老天给予的机会，如果不能好好利用，反而会遭受惩戒。

狐埋之而狐搰之，是以无成功。

——出自《国语·吴语》

释义

狐狸多疑，刚把食物埋起来，又把它掘出来看看，到最后也没藏好。比喻人做事，刚做了又推翻，自然劳而无功。

谋必素见成事焉，而后履之。

——出自《国语·吴语》

释义

凡是计划做一件事，一定要预见到肯定能成功，然后才去做。

为君不君，为臣不臣，乱之本也。

——出自《国语·齐语》

释义

做君主的不像做君主的样子，做臣子的不像做臣子的样子，这是国家危乱的根本。

读书知典

芮良夫论荣夷公专利

荣夷公是一个喜好独占财利的人，周厉王非常宠信他，荣夷公便将专谋私利的方法也教给周厉王。芮良夫忧心忡忡谏言说："利是由万物中生出来的，万物是由天地所养育的，假如一心想独占它，一定会带来祸患！天地绝无偏私，有些人得到的多是因为他善良有仁德，获得的是天地给他的奖励；给其他的人少，也不是惩罚，是为了鼓励人们改过向善，就会得到更多。得到财利应当想到一切都是倚仗天地万物所得，要去分享，这样才符合天地生生不息循环往复之道。分享给人民与民同乐，用于祭祀祖先不忘先祖之盛德，就这样各得其所，成就他人就是成就自己。"

战国策

《战国策》是一部由西汉刘向编订的国别体史书。内文总共33篇，按国别记述，主要记载了东周、西周及秦、齐、楚、赵、魏、韩、燕、宋、卫、中山各国之事。记事年代大致上接春秋，下迄秦统一。

国学精粹

赏必加于有功，刑必断于有罪。

——出自《战国策·秦策》

释义

奖赏必须给予有功劳的人，刑罚必须加给有罪行的人。

圣人不能为时，时至而弗失。

——出自《战国策·秦策》

释义

圣人不能制造时势，但时机一旦来临就绝不会失掉它。

道不拾遗，民不妄取。

——出自《战国策·秦策》

释义

道路上丢失的东西没有人去捡拾，百姓不随便拿不该拿的财物。后来常用此形容太平盛世或社会治安良好。

物至而反，冬夏是也；致至而危，累棋是也。

——出自《战国策·秦策》

释义

事物发展到一定程度就会向相反的方向转化，就像冬夏的循环一样；事物发展到它的极致，就会有危险，就像堆积起来的棋子一样。比喻物极必反、积高必危。

读书知典

三人成虎

魏国太子去赵国当质子，随行的大臣庞恭在出发前对魏王说："大王，如果有一个人对您说，闹市中有老虎，您相信吗？"

魏王说不相信。庞恭又说："如果又有人对您说，闹市里有老虎，您信吗？"

魏王表示，还是不信。庞恭又问道："陛下，如果还有一个人对您说闹市里有老虎，您还相信吗？"

魏王说："既然有三个人都说闹市里有老虎，那么闹市里肯定就会有老虎了。"

庞恭听了这话以后，深有感触地说："果然不出我所料，问题就出在这里！事实上，人虎相怕，各占几分。众所周知，一只老虎是绝不敢闯入闹市之中的。如今君王不顾及情理、不深入调查，只凭三人说有虎即肯定有虎，那么等我到了比闹市还远的赵国都城邯郸，您要是听见三个或更多不喜欢我的人说我的坏话，岂不是要断言我是坏人吗？临别之前，我向您说出这点疑虑，希望您一定不要轻信人言。"

庞恭走后，一些平时对他心怀不满的人开始在魏王面前说他的坏话。时间一长，魏王果然听信了这些谗言。当庞恭从邯郸回到魏国时，魏王再也不愿意召见他了。

国学精粹

善为国者，顺民之意。

——出自《战国策·齐策》

释义

善于料理国事的君主，总是顺应人民的意愿。

归真反璞，则终身不辱。

——出自《战国策·齐策》

释义

去掉虚饰的外表，恢复自己的真实状态，就会一生不蒙受羞辱。

祸与福相贯，生与亡为邻。

——出自《战国策·楚策》

释义

灾祸和幸福相通，生与死紧邻。

兵不如者，勿与挑战；粟不如者，勿与持久。

——出自《战国策·楚策》

释义

如果兵力不如对方强，就不要主动挑起战争；如果粮草不如对方充足，就不要与之相持太久。

以财交者，财尽而交绝；以色交者，华落而爱渝。

——出自《战国策·楚策》

释义

利用钱财结交朋友，钱财用完了交情也就断绝了；贪图美色结为伴侣，到年老色衰时爱情也就消失了。

见兔而顾犬，未为晚也；亡羊而补牢，未为迟也。

——出自《战国策·楚策》

释义

看见兔子后，立即回头唤狗去追捕，也不算晚；羊丢了以后，赶紧将羊圈修补好，也不算迟。指发生失误立即采取补救措施，仍不失为明智之举。

读书知典

画蛇添足

古时候，楚国有一家人，祭完祖之后，准备将祭祀用的一壶酒，赏给帮忙办事的人喝。帮忙办事的人很多，这壶酒如果大家都喝是不够的，若是让一个人喝，那就能喝个痛快。这一壶酒到底怎么分呢？

大家都安静下来，这时有人建议：每个人在地上画一条蛇，谁画得快，这壶酒就归谁喝。大家都认为这个方法好，都同意这样做。于是，大家在地上画起蛇来。

有个人画得很快，一转眼最先画好了，他就端起酒壶要喝酒。但是他回头看看别人，还都没有画好呢。心里想：他们画得真慢。

他洋洋得意地说："你们画得好慢啊！我再给蛇画几只脚也不算晚呢！"于是，他便左手提着酒壶，右手给蛇画起脚来。

正在他一边给蛇画脚，一边说话的时候，另一个人画好了。那个人马上把酒壶夺过去，说："你见过蛇吗？蛇是没有脚的，你为什么要给它添上脚呢？所以第一个画好蛇的人不是你，而是我了！"

那个人说罢就仰起头来，咕咚咕咚把酒喝下去了。

国学精粹

古之君子,交绝不出恶声。

——出自《战国策·燕策》

释义

有道德的人,即使绝交也绝不互相诋毁。

除患无至,易于救患。

——出自《战国策·燕策》

释义

祸患在发生前就消除它,这比祸患发生了再去补救要容易得多。

善作者不必善成;善始者不必善终。

——出自《战国策·燕策》

释义

善于创始的人,不一定完成得很好;有个好的开头的人,不一定能有一个好的结果。

鸿鹄一举千里，所恃者，六翮尔。

——出自《战国策·燕策》

释义

大雁和天鹅展翅一飞千里，它们所依赖的，只是六根粗大的羽毛罢了。比喻办事在于人员精干。

内寇不与，外敌不可距。

——出自《战国策·燕策》

释义

国家内部的祸患不安定下来，就无法抵御外部敌人的侵扰。

仁不轻绝，智不轻怨。

——出自《战国策·燕策》

释义

仁慈的人不轻易与人绝交，明智的人不轻易怨恨别人。说明待人要宽厚。

读书知典

千金市马骨

燕昭王登上王位后，立志要奋发图强，重振燕国，励精图治就从招揽人才开始。于是燕昭王向郭隗请教怎样才能觅得良才。郭隗便给燕昭王讲述了"千金市马骨"的故事：古时候有一位君主非常喜欢千里马，但是一直苦求不得。他的一个下属自告奋勇带上千金出去寻马，三个月后，这个人用五百金带回来一个千里马的脑骨。君主很是恼怒，下属解释说，别人一旦听说您宁愿花费五百金买一个千里马的脑骨，就会了解您喜欢千里马的热忱，活的千里马很快就会到来。果然时间不长，这位君主就收获了三匹千里马。

讲完故事，郭隗说，如果大王真心想求得人才，我愿意做那个彰显您诚意的马脑袋。燕昭王于是给郭隗安排了很尊贵的地位和待遇，还在易水边上筑起高台，摆上黄金，准备赐给前来投奔的贤士。人们看到郭隗的例子在前，又看到了真切的实惠，于是纷纷投奔燕国。

国学精粹

治世不必一其道，便国不必法古。

——出自《战国策·赵策》

释义

治理国家不是只有一种办法，要想使国家富强不必完全效仿古人的办法。

圣人甚祸无故之利。

——出自《战国策·赵策》

释义

圣人认为，无故得利，必然会招来灾祸。

怀重宝者，不以夜行；任大功者，不以轻敌。

——出自《战国策·赵策》

释义

怀揣珍宝的人不走夜路，能建大功的人不会对敌人掉以轻心。

以书为御者，不尽于马之情；以古制今者，不达于事之变。

——出自《战国策·赵策》

释义

只按照书上的方法来驾御车马的，不能让马的力量得到尽情地发挥；根据古代礼法制定当今制度的人，是不懂得时事变化的。说明治国不能死守教条，要因时因事制宜。

父母之爱子，则为之计深远。

——出自《战国策·赵策》

释义

父母疼爱自己的孩子，就要为他们做长远的打算。

前事之不忘，后事之师。

——出自《战国策·赵策》

释义

不忘记以前做事的经验教训，以后做事就可以有所借鉴了。

读书知典

前事不忘，后事之师

春秋末期，张孟谈是赵襄子非常看重的大臣，突然有一天来向赵襄子告别。

赵襄子不放他走，急忙挽留。张孟谈说："您想的是报答我的功劳，我想的是治国的道理，正因为我的功劳大，名声甚至还会超过您，所以才决心离开。在历史上从来没有君臣权势相同而永远和谐相处的。前事之不忘，后事之师。请您让我走吧。"赵襄子只好惋惜地答应了。张孟谈辞去官职，退还封地，隐居到负亲丘去，在那里平安地度过了自己的晚年。后人将"前事之不忘，后事之师"改为"前事不忘，后事之师"作成语，提醒人们记住过去的教训，以作后来的借鉴。

国学精粹

悖者之患，固以不悖者为悖。

——出自《战国策·魏策》

释义

糊涂人的缺点，总是把不糊涂的人看成是糊涂的人。

将欲败之，必姑辅之；将欲取之，必姑与之。

——出自《战国策·魏策》

释义

若想将敌人打败，不妨先暂且给他一点帮助；若想取得利益，必然要先给予一些利益。

人之有德于我也，不可忘也；吾有德于人也，不可不忘也。

——出自《战国策·魏策》

释义

别人对我有恩德的时候，千万不能忘掉；自己有恩于别人的时候，千万不能老记着。说明人应知恩图报，施恩而无所求。

宁为鸡口，不为牛后。

——出自《战国策·韩策》

释义

宁愿做小而洁净的鸡嘴，也不愿做大而肮脏的牛肛门。现多用来比喻人宁愿在小地方当家做主，也不愿在大地方受人支配。

与不期众少，其于当厄；怨不期深浅，其于伤心。

——出自《战国策·中山策》

释义

给人东西不在多少，要紧的是正好在他困难的时候给予；惹人怨恨不在深浅，而在于是否伤了他的心。

读书知典

鹬蚌相争

战国时候，秦国最强，常常侵略别的弱国，弱国之间也常常互有磨擦。有一次，赵国声称要攻打燕国。当时，游说之士苏秦的弟弟苏代，受燕王的委托，到赵国去劝阻赵王不要出兵。

苏代到了邯郸，见到了赵惠文王。赵惠文王知道苏代是为燕国当说客来了，但明知故问："苏代，你到我们赵国做什么来了？"

"尊敬的大王，我给您讲故事来了。"

赵惠文王一愣，但愿意听他讲故事。

苏代说，在我来的路上，经过易水，看到一只河蚌张开蚌壳，露出白白的蚌肉，在河滩上晒太阳。有只鹬鸟，从河蚌身边走过，就伸嘴去啄河蚌的肉。河蚌急忙把两片壳合上，把鹬嘴紧紧地夹住。鹬鸟用尽力气，怎么也拔不出嘴来。河蚌也脱不了身，不能回到河里去。河蚌心里想："假如我不放过鹬鸟，一两天之后，鹬鸟的嘴拔不出去，鹬鸟就别想活，总会饿死！"鹬鸟心里也想："一两天不下雨，没有了水，河蚌回不了河，早晚是要渴死的！"河蚌和鹬鸟各自都有着小心思，谁也不让谁。这时，恰好有个渔夫从那里经过，就把河蚌和鹬鸟都捉住了。

苏代讲完故事后，又对赵惠文王说："如果赵国去攻伐燕国，燕国竭力抵抗，双方必然长久相持不下弄得疲惫不堪。这样，强大的秦国就会像渔翁那样坐收其利。请大王认真考虑再做决定。"赵惠文王觉得苏代说得很有道理，就打消了攻打燕国的念头。

史 记

《史记》是西汉史学家司马迁撰写的纪传体史书，是我国第一部纪传体通史，从传说中的黄帝开始，一直写到汉武帝太初四年，叙述了我国3000年左右的历史。全书包括十二本纪、三十世家、七十列传、十表、八书共130篇。

国学精粹

以先国家之急而后私仇也。

——出自《史记·廉颇蔺相如列传》

释义

把国家的危急放在前面，个人恩怨放在后头。

败军之将，不可以言勇；亡国之大夫，不可以图存。

——出自《史记·淮阴侯列传》

释义

打了败仗的将领，不能再谈论自己多么勇猛；亡了国的士大夫，不该苟且偷生。

大行不顾细谨，大礼不辞小让。

——出自《史记·项羽本纪》

释义

干大事不要顾及细枝末节，行大礼不能不接受一些小的责备。

非兵不强，非德不昌。

——出自《史记·太史公自序》

释义

不致力于军队建设，国家就不会强大；不施行仁德之政，国家就不会昌盛。

飞鸟尽，良弓藏；狡兔死，走狗烹。

——出自《史记·越王勾践世家》

释义

飞鸟都被消灭了，好的弓箭就收藏起来了；兔子死光了，猎狗就被杀了煮着吃了。

读书知典

子承父业

司马迁的父亲司马谈在汉武帝建元至元封年间任太史令，他早就有心写一部通史，并做了长期的准备，广泛地收集了各种史实资料。但由于年老体弱，无法完成这项浩繁的工程，于是便把希望寄托在儿子身上。

司马谈病危时，拉着儿子的手说："自从孔子死后，已经400多年，由于诸侯兼并，战火连绵，历史的记载也放松了，甚至可以说中断了。现在，海内一统，国家强盛，是到了续写这段史书的时候了。我作为汉太史令没有对这一段历史做出完备的记载，心中不安，真是死不瞑目啊！你要继承父志，千万不能让国家史书中断了，不要忘记我还没有完成的大事啊！"

说到这里，司马谈老泪纵横，泣不成声。司马迁伏在父亲的床边，立誓道："就是有天大的磨难，我也要完成您的嘱托，请您放心！"

三年后，司马迁继任太史令，开始发愤治史。后来他遭受了宫刑，但还是忍辱负重，最终写成了千古之绝唱——《史记》。

国学精粹

富贵不归故乡，如衣绣夜行。

——出自《史记·项羽本纪》

释义

富贵了不回归故乡的话，就好像穿着很漂亮的衣服在黑夜里行走。指人都希望自己荣归故里。

兵贵先声后实。

——出自《史记·淮阴侯列传》

释义

用兵贵在先张其声势，然后再以实力继之。

不作威，不作福，靡有后羞。

——出自《史记·三王世家》

释义

不依仗地位和权势耍威风、逞霸道，就不会在以后遭到羞辱。

泰山不让土壤，故能成其大；河海不择细流，故能就其深。

——出自《史记·李斯列传》

> **释义**
>
> 泰山不拒绝每一粒微小的尘土，所以才能成就它的高大；江河不拒绝每一条细小的水流，所以才能成就它的深度。比喻只有广纳人才，才能成就大事业。

一沐三握发，一饭三吐哺。

——出自汉代司马迁《史记·鲁周公世家》

> **释义**
>
> 洗一次头发，要三次握着头发出来招待贤士；吃一顿饭，要三次吐出口中的饭去会见贤士。表现了周公求贤之诚，思贤之切。

国以民为本，民以食为天。

——出自《史记·郦生陆贾列传》

> **释义**
>
> 国家以人民为根本，而人民以粮食为第一需要。说明了粮食生产的重要性。

读书知典

《史记》的架构

《史记》	十二本纪	记历代帝王政绩。
	三十世家	记诸侯国和汉代诸侯、勋贵兴亡。
	七十列传	记重要人物的言行事迹，主要叙人臣，其中最后一篇为自序。
	十 表	大事年表。
	八 书	记各种典章制度，记礼、乐、音律、历法、天文、封禅、水利、财用。

十二本纪是全书的纲领，统摄自黄帝至汉武帝3000多年的兴衰沿革；十表八书是对十二本纪的补充，形成纵横交错的叙事网络。三十世家则围绕十二本纪展开，用司马迁自己的话说，世家与本纪的关系，犹如"二十八宿环北拱，三十辐共一毂，运行无穷"。七十列传，则是历史天空中北斗和二十八宿以外的群星。

国学精粹

运筹帷幄之中,决胜于千里之外。

——出自《史记·高祖本纪》

释义

在营帐中操控着战略,就能让在千里之外作战的军队取得胜利。比喻很有才智的人无须上阵,只需做好前期的完善战略部署,就能够让事情获得成功。成语"运筹帷幄"由此而来。

一死一生,乃知交情;一贫一富,乃知交态;一贵一贱,交情乃见。

——出自《史记·汲郑列传》

释义

经过生与死的考验,才知交情的深浅。朋友之间,一个贫一个富,才能知道交往的状态。两人之间地位相差悬殊,交情的真实状况才能显现出来。

月满则亏,物盛则衰。

——出自《史记·范雎蔡泽列传》

释义

月亮到了最圆的时候,就会开始亏损;事物到了极鼎盛的时候,就会走向衰落。说明事物都有自己的极限和发展规律,同时也告诫和提醒人们要居安思危。

失之毫厘,差以千里。

——出自《史记·太史公自序》

释义

刚开始有毫厘的差错,到后来就可能相差千里了。指细微的失误,可能导致巨大的差错。

读书知典

一诺千金

西汉初年有一个叫季布的人，特别讲信义。只要是他答应过的事，无论有多么困难，他一定要想方设法办到。当时还流传着一句谚语："得黄金百，不如得季布一诺。"

后来，刘邦打败项羽当上了皇帝，开始搜捕项羽的部下。季布曾经是项羽的得力干将。所以刘邦下令，只要谁能将季布送到官府，就赏赐他一千两黄金。但是，季布重信义，深得人心。人们宁愿冒着被诛灭三族的危险为他提供藏身之所，也不愿意为一千两黄金而出卖他。

有个姓周的人得到了这个消息，秘密地将季布送到鲁地一户姓朱的人家。朱家很欣赏季布对朋友的信义，尽力将季布保护起来。不仅如此，他还专程到洛阳去找汝阴侯夏侯婴，请他解救季布。

夏侯婴从小与刘邦很亲近，后来为刘邦建立汉王朝立下了汗马功劳。他也很欣赏季布的信义，在刘邦面前为季布说情，终于使刘邦赦免了季布。不久，刘邦还任命季布做了河东太守。

国学精粹

桃李不言，下自成蹊。

——出自《史记·李将军列传》

释义

桃树和李树本不会讲话，但因为它们艳丽的花、鲜美的果实招人喜爱，人们络绎不绝地到来，以致树下踏出了一条小路。比喻品德高尚的人即使不张扬，也会受到人们的尊崇。

不飞则已，一飞冲天；不鸣则已，一鸣惊人。

——出自《史记·滑稽列传》

释义

此鸟不飞便罢，一飞就要飞到高空；不叫便罢，一叫就会使人震惊。成语"一鸣惊人"由此而来。

抱薪救火，薪不尽，火不灭。

——出自《史记·魏世家》

释义

抱着柴禾去救火，柴禾不烧完，火就不会熄灭。比喻用错误的方法消灭危害，只能使危害扩大。

当断不断，反受其乱。

——出自《史记·齐悼惠王世家》

释义

应该做出决断的时候而不做出决断，反而会给自己招来灾祸。

天下熙熙，皆为利来；天下壤壤，皆为利往。

——出自《史记·货殖列传》

释义

天下人吵吵嚷嚷，嘈杂喧闹，都是为利益而来；天下人碰碰撞撞，拥挤奔忙，也都是为了利益而往。

贵出如粪土，贱取如珠玉。

——出自《史记·货殖列传》

释义

当货品的价格极高时，就要像扔掉粪土一样赶快抛售；当货品的价格极低时，就要像购买珍宝一样趁机购买。说明贱买贵卖的商业道理。

百里不贩樵，千里不贩籴。

——出自《史记·货殖列传》

释义

不到百里之外的地方贩卖柴薪，不到千里之外的地方去贩运粮食。说明经营者不要长途贩运利薄的商品。

读书知典

抱薪救火

战国末年，秦国曾经三次进攻魏国，占领了魏国许多的土地，魏国军民伤亡惨重。魏国于是请韩、赵两国援助，最后还是被打败。大将段干子提议把南阳割让给秦国求和，战略家苏代却持反对的意见，他说："秦国想吞并魏国，只割让土地是无法满足秦国的野心的，就像抱着柴禾去救火，柴没烧完，火是不会灭的。魏国的土地不割让完，秦国是不会停止进犯的"。

可惜魏王并没有听从苏代的忠告，面对强秦的步步紧逼，一味地妥协退让，割地求和，换取短暂的安宁，结果让强秦贪婪的欲火越烧越旺，最终落得个国破家亡的结局。

汉 书

　　《汉书》为中国第一部纪传体断代史，由东汉时期史学家班固编撰，包括十二纪、八表、十志、七十列传，所记史实上起汉高祖元年（公元前206年），下至新朝王莽地皇四年（公元23年），共230年的史事。

国学精粹

百闻不如一见。

——出自《汉书·赵充国传》

释义

听别人说一百次，也不如自己亲自看一次。比喻眼见为实。

百里不同风，千里不同俗。

——出自《汉书·王吉传》

释义

方圆百里的地方风俗不一样，方圆千里的地方习俗也各不相同。

既往不咎，来事之师也。

——出自《汉书·李寻传》

释义

事情过去了就别再追究了，可以作为将来事情的借鉴。

彼一时也，此一时也，岂可同哉？

——出自《汉书·东方朔传》

释义

那是一个时候，现在又是一个时候，时间不同，情况有了变化，怎能相提并论呢？

兵出无名，事故不成。

——出自《汉书·高帝纪》

释义

出兵没有正当的理由，就不会取得胜利。泛指行事没有正当理由难以成功。

兵骄者灭。

——出自《汉书·魏相传》

释义

骄傲轻敌的军队，必定要被打败。

读书知典

彼一时，此一时

西汉中期，东方朔才智出众却官职低微，得不到重用，心中不快，便撰写《答客难》，以主客对答的形式表达对朝廷的不满。有客人对东方朔说："战国时苏秦和张仪都以游说方式当上了大官，你通晓治国之道、百家之言，在朝廷几十年，却还是个职务低下的小官，是不是你有什么过错呢？"

东方朔回答说："那是一个时候，这是另一个时候，时期不同，情况不同，不能相提并论。苏秦、张仪生活在周朝崩溃的时代，群雄并起，诸侯争霸，谁能得到懂得谋略的人才，谁就强大；谁失去懂得谋略的人，谁就衰亡。所以像苏秦、张仪那样的纵横家，才能处于显要地位，也使他们的子孙享受富贵。现在圣帝的恩泽普及天下人，各地官员都效忠朝廷，四方邻国都俯首称臣，天下太平，四海一家，大汉皇帝一统天下。苏秦、张仪要是都生活在今天，也不能发挥他们那种才能，就是连我这样的小官他们也会羡慕不已了。"

东方朔的《答客难》实际上是自问自答，字里行间显露出怀才不遇的不平之气。虽然有才不被重用，只能以"彼一时也，此一时也"自怨自艾，自我解嘲。

国学精粹

察伯乐之图，求骐骥于市。

——出自《汉书·梅福传》

释义

就是把伯乐的相马经反复诵读，也无法在集市上买到千里马。比喻只掌握理论而无实践经验，这种理论是不起作用的。成语"按图索骥"出于此。

侈而无节，则不可赡。

——出自《汉书·严安传》

释义

奢侈无度而没有节制，就不可能充裕。

聪者听于无声，明者见于未形。

——出自《汉书·伍被传》

释义

听力好的人，能在无声时听出动静；视力好的人能在未成形前看出征兆。说明智者透彻事理，富于先见之明。

毒药苦口利病，忠言逆耳利行。

——出自《汉书·淮南衡山济北王传》

释义

好的药虽然苦口，但利于治病；忠言虽然刺耳，但有利于自己修养品行。

福生有基，祸生有胎。纳其基，绝其胎，祸何自来？

——出自《汉书·枚乘传》

释义

福祸都有其产生的根源，除去它的根源，灾祸就无从产生了。

临渊羡鱼，不如退而结网。

——出自《汉书·董仲舒传》

释义

站在水边想得到鱼，不如回去织网打捞。

执狐疑之心者，来谗贼之口；持不断之意者，开群枉之门。

——出自《汉书·楚元王传》

释义

心中多疑的人，容易招致坏人的谗言；优柔寡断的人，容易让恶人的邪说钻空子。

读书知典

赤白囊

《汉书·丙吉传》中记载："适见驿骑持赤白囊，边郡发奔命书驰来至。"这里的赤白囊是古代用来传递边关紧急情报的文书袋。唐代袁俶作《喜陆侍御破石埭草寇东峰亭赋诗》中有句："同观白简使，新报赤囊书。"宋代陆游作《春夏雨阳调适颇有丰岁之望喜而有作》中也有云："二十年无赤白囊，人间何地不耕桑。"

国学精粹

水至清则无鱼，人至察则无徒。

——出自《汉书·东方朔传》

释义

水太过清澈，鱼就无法在里面生存；对别人要求太过严苛，就没有朋友了。现在有时用来表示对人或物不可要求太高。

置将不善，一败涂地。

——出自《汉书·高祖本纪》

释义

如果任用将军不妥当，那么出兵作战一定会败得很彻底。说明军队中任用良将的重要性。

人苦不知足，既平陇，复望蜀。

——出自《汉书·岑彭传》

释义

人总是苦于不知足，得到了陇地，还想要得到蜀地。形容人的欲望总是没有止境。成语"得陇望蜀"由此而来。

> 遗子黄金满籯，不如一经。

——出自《汉书·韦贤传》

释义

留给子女满筐黄金，不如让子女通晓经学。指教子读书远比留给子女财产更有价值。

> 少成若天性，习贯如自然。

——出自《汉书·贾谊传》

释义

从小培养成的习性就像是天性一样牢固，很难改变。说明良好的品行和道德应从小培养。

> 夙兴以求，夜寐以思。

——出自《汉书·武帝纪》

释义

清晨醒来就努力探求，夜晚躺在床上还在认真思考。表示勤谨于事。

读书知典

得陇望蜀

东汉初年，有两个反对光武帝的地方势力，一个是割据巴蜀的公孙述，一个是称霸陇西的隗嚣。公元32年，大将军岑彭随光武帝亲征陇西的隗嚣，将隗嚣围困在西城，把公孙述的援兵也包围了起来。光武帝见一时攻破不了城池，就留了一封诏书给岑彭，自己先回京城去了。岑彭接到诏书一看，上面写着：如果攻占了陇地，便可率军攻打蜀地的公孙述。人总是不知足的，我也一样，已经得到陇地，又希望得到蜀地。

后汉书

《后汉书》是继《史记》《汉书》之后，又一部私人撰写的重要史籍。全书主要记述了上起东汉光武帝建武元年（公元25年），下至汉献帝建安二十五年（公元220年），共195年的史事。

国学精粹

精诚所加，金石为开。

——出自《后汉书·光武十王列传》

释义

只要有至诚之心，就是金石也能够断开。比喻只要心思专一，就没有做不成的事情。

有志者，事竟成。

——出自《后汉书·耿弇传》

释义

意志坚定的人，做事情一定会成功的。

传闻不如亲见，视景不如察形。

——出自《后汉书·马援传》

释义

听说不如亲眼见到，看影子不如见到实物。指要亲身实践才能得到真相。

舍近谋远者，劳而无功。

——出自《后汉书·臧宫传》

> **释义**

舍弃近处，而到远处去寻求，花费了力气，却没有收获。劝告人们做事要讲求方法，才能事半功倍。

大丈夫处世，当为国家立功边境。

——出自《后汉书·张奂传》

> **释义**

男子汉活在世上，就应当奔赴边疆为国家建功立业。

读书知典

覆巢之下安有完卵

三国时期，孔融因维护汉室要求曹操还政于皇帝而激怒曹操，被逮捕。朝廷内外非常惊恐。当时孔融的两个儿子大的九岁，小的八岁，仍然在玩琢钉游戏，一点惶恐的样子都没有。孔融对使者说："罪责可以仅限于自己一身，两个儿子可以保全性命吗？"他的儿子从容地进言说："父亲难道见过倾覆的鸟巢下面还有完整不碎的鸟蛋吗？"不一会儿，逮捕他们的差役果然也到了。

国学精粹

冤则呼天，穷则扣心。

——出自《后汉书·张奂传》

释义

遭受冤枉时就呼天抢地，困顿失意时就顿足捶胸。

芳饵之下必有悬鱼，重赏之下必有死夫。

——出自《后汉书·耿纯传》

释义

芳香的鱼饵下面肯定有上钩的大鱼，丰厚的奖赏下面肯定有不怕死的勇士。

覆水不可收。

——出自《后汉书·何进传》

释义

倒在地上的水收不起来。

贵易交，富易妻。

——出自《后汉书·宋弘传》

释义

显贵了就抛弃旧的朋友，富有了就更换妻子。

国与民为本，民以谷为命。

——出自《后汉书·张奋传》

释义

国家以人民为根本，人民以粮食为生命。

河水清，天下平。

——出自《后汉书·襄楷传》

释义

黄河的水清澈了，天下就太平了。（黄河的水自古多挟泥沙，黄浊不清，古人以黄河水清，为天下太平的祥瑞征兆。）

读书知典

狐死首丘

战国时期，楚国有一位著名的爱国诗人叫屈原。屈原出身楚国贵族，起初辅佐怀王，做过左徒、三闾大夫。他学识渊博，主张彰明法度，举贤授能，东联齐国，西抗强秦。

后因遭人嫉妒与陷害，又得不到楚王的信任，被放逐到外地。在被放逐的困苦生活中，他写下许多反映人民愿望与现实矛盾的诗篇，如《离骚》《九歌》《九章》等。

其中《哀郢》是《九章》中的一篇。所谓"哀郢"，即哀悼楚国郢都被秦国攻陷、楚怀王受辱于秦，百姓流离失所之事。诗的最后两句："鸟飞反故乡兮，狐死必首丘。"语重意深，极为感人。意思是说鸟儿飞出去以后，仍然要回到它生长和栖息的老家；狐狸要死在外面的时候，一定先摆正头的方向，使其朝着洞穴所在的故丘。这是形容离国离家的人对祖国和家乡怀念不忘的心情。

国学精粹

疾风知劲草。

——出自《后汉书·王霸传》

释义

在猛烈的大风中才能看出什么样的草是强劲坚韧的。比喻经得起考验。

乘人之危，非仁也。

——出自《后汉书·盖勋传》

释义

趁着别人在危难之时去要挟和打击，这是不道德的。

反水不收，后悔无及。

——出自《后汉书·光武帝纪》

释义

泼出去的水再也无法收回来了，过去的事情后悔也无济于事。

夫人小而聪了，大未必奇。

——出自《后汉书·孔融传》

释义

小时聪明的人，长大以后不一定有出人意料

的奇才。此句含有提示警觉的作用，比一味对孩子夸奖更有益处。

大树将颠，非一绳所维。

——出自《后汉书·徐稺传》

释义

大树将要倒下，不是一根绳子就能维系的。用来比喻大势将去，不是一个人的力量能挽回的。

万物之中，以人为贵。

——出自《后汉书·周举传》

释义

在天地万物之中，人是最为可贵的。劝诫帝王应爱护百姓。

失之东隅，收之桑榆。

——出自《后汉书·冯异传》

释义

在早晨失去了，但在晚上又得到了。比喻在某处先有所失，会在另一处另有所得。东隅：东方日出处，借指早晨。桑榆：桑树和榆树。日落时光照在桑榆树端，借指日暮。

读书知典

失之东隅，收之桑榆

后汉之初，汉光武帝刘秀有一员心腹大将，姓冯名异。此人效忠刘秀，为建立东汉王朝出力不少。彼时，赤眉军正在起兵作乱，刘秀派冯异充当镇压农民起义的急先锋，向赤眉军发动攻击。开始，两军在今洛宁县附近打了一仗，冯异不但未能取胜，反被赤眉军打得落花流水，冯异丢了马，跟残兵一同步行，狼狈逃窜到了回溪阪。后来，冯异重整兵马，连续疯狂反扑，最后才在今渑池县附近把赤眉军打败。刘秀听闻冯异大败赤眉军十分高兴，慰劳冯异时，曾说："始虽垂翅回溪，终能奋翼渑池，可谓失之东隅，收之桑榆"。

国学精粹

贫贱之知不可忘，糟糠之妻不下堂。

——出自《后汉书·宋弘传》

释义

在贫贱时结交的朋友是不能忘掉的，同甘苦共患难的妻子是不能休掉的。

不患位之不尊，而患德之不崇；不耻禄之不夥，而耻智之不博。

——出自《后汉书·张衡传》

释义

不要担心自己职位不够高，而应该多想想自己的品德是不是完善；不要为自己的收入不够高而感到耻辱，应该为自己的学识不够渊博而感到耻辱。

男儿要当死于边野，以马革裹尸还葬耳。

——出自《后汉书·马援传》

释义

好男儿应当为国家而战死沙场，用战马的皮包裹着自己的尸体回来安葬。马革裹尸：用战马的皮包裹尸体，比喻战死沙场。

髫发厉志，白首不衰。

——出自《后汉书·伏湛传》

释义

从小就磨练的志向，到老了也不会衰减。

丈夫为志，穷当益坚，老当益壮。

——出自《后汉书·马援传》

释义

大丈夫的志气，穷困的时候应当更加坚定，年老的时候应当越发豪壮。后常用来形容一个人经得起考验，越是条件不好，越是年老，越有雄心壮志。

人生在勤，不索何获？

——出自《后汉书·张衡传》

释义

人生在世，贵在勤奋，没有勤奋的精神，怎么会有收获呢？

读书知典

糟糠之妻不下堂

东汉之初，刘秀力量薄弱，被王郎一路追杀，由北向南日夜奔逃。途中，刘秀手下大将宋弘不幸负伤，无法再奔走，而后面追兵又紧，刘秀只好将宋弘托付给一户姓郑的人家养伤。

姓郑的这户人家非常善良，待宋弘亲如家人，特别是郑家女儿，长得虽不漂亮，但为人正派，聪明大方，待宋弘像亲人，煎汤熬药，嘘寒问暖，关怀备至，宋弘非常感动。日子一长，两人建立了深厚的感情。宋弘伤好后，两人便结为夫妻。

后来宋弘跟随刘秀南征北战，屡立战功，终于帮刘秀得了天下。

刘秀有个姐姐，早年丧夫。刘秀多次派人给她提亲，说了一个又一个，姐姐就是不满意。后来，刘秀得知姐姐看上了宋弘。刘秀心想，宋弘的妻子郑氏年龄大且不说，那模样和姐姐一比也相差很多。便召见宋弘，对宋弘说："俗话说地位尊贵了就换朋友，家中有钱了就换老婆，这是人的本性么？"

宋弘说："我听说卑贱时的朋友不能忘，共患难的妻子不可抛弃。"

光武帝听后，深深为宋弘的为人所感动，不仅没有责怪他，反而对他更加看重。从此，"糟糠之妻不下堂"的故事便流传开来。

三国志

《三国志》是由西晋史学家陈寿所著，记载中国三国时期的曹魏、蜀汉、东吴纪传体断代史。其中，《魏书》30卷，《蜀书》15卷，《吴书》20卷，共65卷。全书记载了从魏文帝黄初元年（公元220年），到晋武帝太康元年（公元280年）60年的历史。

国学精粹

动则三思，虑而后行。

——出自《三国志·魏书·杨阜传》

释义

行动之前，一定要经过深思熟虑，考虑周全以后再行动。

救寒莫如重裘，止谤莫如自修。

——出自《三国志·魏书·王昶传》

释义

御寒没有什么比厚皮衣更好的东西，避免别人毁谤没有比自己养成良好习性更好的办法。

安民之术，在於丰财。丰财者，务本而节用也。

——出自《三国志·魏书·杜畿传》

释义

安定民心的办法在于积累财富,而财富积累在于致力发展农业和节省开支。

兵者凶事,不可为首。

——出自《三国志·魏书·武帝纪》

释义

战争是凶残、危险的事情,不能首先发动战争。

不以人之坏自成,不以人之卑自高。

——出自《三国志·魏书·文帝纪》

释义

不用别人的衰败来显示自己的成功,不借别人的低下来显示自己的高贵。

才所以为善也,故大才成大善,小才成小善。

——出自《三国志·魏书·卢毓传》

释义

才干是用来做善事的,因此才干大的能做成大善事,才干小的能干成小善事。

读书知典

《三国志》为何尊魏为正统

《三国志》的作者陈寿是晋朝臣子,晋是承魏而有天下的,所以《三国志》便尊魏为正统。在《魏书》中,作者为曹操写了本纪,而《蜀书》和《吴书》则只有传,没有纪。记刘备则为《先主传》,记孙权则称《吴主传》。这是编史书为政治服务的一个例子,也是《三国志》的一个特点。

国学精粹

定国之术，在于强兵足食。

——出自《三国志·魏书·五帝纪》

释义

让国家安定的办法，在于让兵力强大，粮食充足。

读书百遍而义自见。

——出自《三国志·魏书·王肃传》

释义

读书读得遍数多了，书中的意思自然就明白了。

鸡肋，弃之如可惜，食之无所得。

——出自《三国志·魏书·武帝纪》

释义

鸡肋这东西，扔掉它觉得很可惜，吃它又吃不到东西。

建大业者不拘小节。

——出自《三国志·魏书·文帝传》

释义

创造宏伟事业的人不拘泥细微的事情。

良将不怯死以苟免，烈士不毁节以求生。

——出自《三国志·魏书·庞德传》

释义

英勇的将领不会因为怕死就苟且偷生；忠烈之士也不会毁伤名节而求得生存。

读书知典

董遇劝学

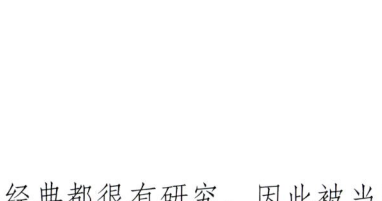

董遇，是东汉末年的著名学者，对《左传》《老子》等经典都很有研究，因此被当时的读书人奉为"一代儒宗"。建安初，董遇因学识渊博，被征召为黄门侍郎，不久又被选为汉献帝的侍讲官，专门负责向汉献帝传授各种经典。当时，有不少儒生也想拜董遇为师，跟他研究学问，董遇都婉言拒绝，对他们说："你们若要拜我为师，就一定要把各种经典诵读一百遍。"有人不解，问："为什么要读一百遍呢？"董遇笑笑说："你读了一百遍书，书中的意思难道还会不明白吗？"

有人说："可是我们没有那么多时间，怎么办呢？"

董遇说："可利用三余来读呀！"

"那什么是三余呢？"又有人问。

"冬天，是一年中最空余的时间；晚上，是一天中最空余的时间；下雨天，是平时最空余的时间。你们只要好好利用这三余来读书，怎么会没有时间呢？"

从此"三余读书"的刻苦精神就受到了历代文人的肯定和赞赏，纷纷践行。

国学精粹

苟全性命于乱世，不求闻达于诸侯。

——出自《三国志·蜀书·诸葛亮传》

释义

在乱世中暂且保全自己的性命，不追求在各个诸侯间闻达显贵。

集众思广忠益。

——出自《三国志·蜀书·董和传》

释义

集中大家的智慧，广泛地吸取有益的建议。

夫济大事必以人为本。

——出自《三国志·蜀书·先主传》

释义

要想成就大事业，必然要以人为根本。

此间乐，不思蜀。

——出自《三国志·蜀书·后主传》

释义

这里很好，我不想念蜀国。此句为后主刘禅投降后，回答司马昭时说的话，充分反映了他的昏庸，毫无亡国之痛。成语"乐不思蜀"由此而来。

治世以大德，不以小惠。

——出自《三国志·蜀书·后主传》

释义

治理国家要讲大的德政，而不能用小恩小惠。

识时务者为俊杰。

——出自《三国志·蜀书·诸葛亮传》

释义

能够认清形势的人，才是杰出的人物。

勿以恶小而为之，勿以善小而不为。

——出自《三国志·蜀书·先主传》

释义

不要因为一件坏事很小，就放任自己去做；不要因为一件善事很小，就轻易不做。

读书知典

乐不思蜀

三国时期，刘备占据蜀地，建立蜀国。他死后，儿子刘禅（小名阿斗）继位。刘禅昏庸无能，在那些有才能的大臣死后，公元263年，蜀国就被魏国所灭。刘禅投降后，魏帝曹奂封他一个食俸禄无实权的"安乐公"称号，并将他迁居魏国都城洛阳居住。魏帝自己也无实权，掌大权的是司马昭。在一次宴会上，司马昭当着刘禅的面故意安排表演蜀地的歌舞。刘禅的随从人员想到灭亡的故国，都非常难过，刘禅却对司马昭说："此间乐，不思蜀。"

后人以此比喻在新环境中得到乐趣，不再想回到原来环境中去，乐而忘本。

国学精粹

不以人所短弃其所长。

——出自《三国志·吴书·诸葛恪传》

释义

不要因为别人有短处就放弃他的长处不予使用。

福来有由，祸来有渐。

——出自《三国志·吴书·孙奋传》

释义

福气降临是有原由的，灾祸到来是渐渐积累的。

良药苦口，惟疾者能甘之；忠言逆耳，惟达者能受之。

——出自《三国志·吴书·孙奋传》

释义

良药苦口，只有病人才能体会出它的甘甜；忠言逆耳，只有通达的人才能坦然接受。

小巫见大巫。

——出自《三国志·吴书·张纮传》

释义

道行小的巫师见到道行大的巫师，其巫术就施展不出来了。比喻相形之下，一方远远比不上另一方。

士别三日，即更刮目相待。

——出自《三国志·吴书·吕蒙传》

释义

与人分别多日后，别人已有进步，就应当另眼相看了。比喻不能用老眼光看人。

读书知典

吴下阿蒙

三国时,孙权手下有位名将叫吕蒙。他身居要职,但因小时候依靠姐夫生活,没有机会读书,学识浅薄,见识不广。有一次,孙权对吕蒙和另一位将领蒋钦说:"你们现在身负重任,得好好读书,增长自己的见识。"吕蒙不以为然地说:"军务繁忙,恐怕没有时间读书了。"当时鲁肃见到如此浅薄的吕蒙,觉得他没有什么可取的地方。

但孙权仍开导他说:"我的军务比你们繁忙多了。我自掌管军政以来,读了许多史书和兵书,感到大有益处。当年汉光武帝在军务紧急时仍然手不释卷,如今曹操也老而好学。希望你们不要借故推托,不愿读书。"孙权的开导使吕蒙很受教育,从此他抓紧时间大量读书。

后来,鲁肃再遇见他时,看见他和从前完全不同,是那样威武,跟他谈起军事问题来,显得很有学识,使鲁肃觉得很惊异。便笑着对他开玩笑说:"现在,你的学识这么好,既英勇,又有计谋,再也不是吴下的阿蒙了。"吕蒙答道:"人分别后三天,就该另眼看待呀!"吕蒙的话,原文是"士别三日,即更刮目相待。"后来的人,便用"士别三日"这句话,来称赞人离开后不久,进步很快的意思。

资治通鉴

《资治通鉴》是我国古代著名历史学家司马光和他的助手刘放、刘恕、范祖禹、司马康等人编纂的一部规模空前的编年体通史巨著。《资治通鉴》全书294卷，以时间为纲，事件为目，从周威烈王二十三年（公元前403年）写起，到五代后周世宗显德六年（公元959年）征淮南停笔，涵盖十六朝1362年的历史。

国学精粹

家贫思良妻，国乱思良相。

——出自《资治通鉴·周纪》

释义

家道贫困的时候就希望有个贤德的好妻子，国家出现动乱的时候，就会渴求一位治国有方的好丞相。

凡百事之成也必在敬之，其败也必在慢之。

——出自《资治通鉴·秦纪》

释义

凡是在各种事业上都取得成功的人，一定是非常敬业，把事情认真对待的；而那些失败的，都是因为轻慢、懈怠。说明做事要谨慎，不可疏忽大意。

聪明流通者戒于太察，寡闻少见者戒于壅蔽。

——出自《资治通鉴·汉纪》

释义

聪明通达的人要警惕

过于明察，听得少、见得少的人要避免闭塞无知。

千钧之弩，不为鼷鼠发机；万石之钟，不以莛撞起音。

——出自《资治通鉴·汉纪》

> **释义**

有千钧力量的强弓不会为了一只小老鼠而扣动扳机；万石那样重的巨钟，不会因为小草的敲打而发出声音。比喻不可大材小用，亦不可小材大用。

任贤必治，任不肖必乱。

——出自《资治通鉴·汉纪》

> **释义**

任用贤人，天下一定会安定；任用不贤的人，国家一定会发生动乱。

有功不赏，为善失其望；奸回不诘，为恶肆其凶。

——出自《资治通鉴·汉纪》

> **释义**

对有功的人不加以奖赏，那么做好事的人就会觉得失望；对于奸邪之徒不加以惩罚，那么做坏事的人就会更加肆虐。

读书知典

司马光至诚家风

司马光五六岁时，有一次他要给核桃去皮，但他不会做，姐姐想帮他，仍旧去不掉，姐姐便走开了。这时婢女想到办法用热水替他顺利去掉核桃皮。等姐姐回来，问他是谁帮他做的，他欺骗姐姐说是自己做的。父亲听到便训斥他说："小子怎敢说谎？"司马光从此不敢说谎，年长之后，还把此事写在纸上，鞭策自己。清人陈宏谋评价他说："司马光一生以至诚为主，以不欺为本。"

国学精粹

没齿而无怨言，圣人以为难。

——出自《资治通鉴·魏纪》

释义

一辈子连句怨恨的话都不说，这恐怕连圣人也难以做到。

仁者不以盛衰改节，义者不以存亡易心。

——出自《资治通鉴·魏纪》

释义

仁义之士不会因为国运的盛衰而改变自己的气节，讲礼义的人不会因为国家的存亡而改变自己的初衷。

爱之不以道，适所以害之也。

——出自《资治通鉴·晋纪》

释义

如果不以正道爱人，那正是害了他。这句话对溺爱子女的人是个警示。

币厚言甘，古人所畏也。

——出自《资治通鉴·晋纪》

释义

送来的礼物很多，说的话又非常入耳，这是古人最警惕的事。

立功者患信义不著，不患名位不高。

——出自《资治通鉴·晋纪》

释义

立功的人担心自己的信义不显著，而不必忧虑自己的名誉和地位不高。

凡论人，必先称其所长，则所短不言自见。

——出自《资治通鉴·晋纪》

> **释义**
>
> 评论一个人，一定要先品评其长处，这样其短处即使不说也可以知道了。

得财失行，吾所不取。

——出自《资治通鉴·陈纪》

> **释义**
>
> 得到钱财却失去人品德行，这样的事我是不做的。

老禾不早杀，余种秽良田。

——出自《资治通鉴·陈纪》

> **释义**
>
> 熟过了的稻子如果不及时割掉，就会影响土地的正常耕作，使良田荒芜。比喻老迈的昏官不淘汰，地方难以治理。

读书知典

司马光诚信卖马

司马光要卖一匹马，这匹马高大温顺，毛色纯正，十分漂亮，只可惜到了夏季便会犯肺病。司马光叮嘱仆人说："这匹马夏季犯肺病的事一定要告诉买主。"仆人笑着说："哪有像您这样的呀，我们卖马怎能把买主看不出来的毛病说出来，那如何卖个好价钱？"司马光对仆人说："一匹马的价钱事小，对人不讲真话，坏了做人的名声事大。做人必须讲诚信，失去诚信，损失更大。"仆人听后惭愧极了。

国学精粹

德胜才，谓之君子；才胜德，谓之小人。

——出自《资治通鉴·唐纪》

释义

德行胜过才能，叫作君子；才能胜过德行，就叫作小人。

凡人之情，穷则思变。

——出自《资治通鉴·唐纪》

释义

人的本性是在到了没有办法之时，就要设法改变现状。

口说不如身逢，耳闻不如目睹。

——出自《资治通鉴·唐纪》

释义

听人说的不如亲身经历，亲耳听到不如亲眼见到。

人不可以求备，必舍其所短，取其所长。

——出自《资治通鉴·唐纪》

释义

人不是十全十美的，不可求全责备，应舍弃他的短处，用他的长处。

治安则骄侈易生，骄侈则危亡立至。

——出自《资治通鉴·唐纪》

释义

社会安定了，就容易产生骄奢淫逸的思想；一旦骄奢淫逸起来，国家就会立即陷入危机之中。

官在得人，不在员多。

——出自《资治通鉴·唐纪》

释义

官府用人重在选人得当，而不在于人多。

人欲自见其形，必资明镜；君欲自知其过，必待忠臣。

——出自《资治通鉴·唐纪》

释义

人们要想看到自己的形象，必须用明镜来自照；君王要想知道自己的过失，一定要听取忠臣的进谏。

人心不摇，邦本自固。

——出自《资治通鉴·唐纪》

释义

民心没有动摇，国家自然就会稳定。说明君主要重视百姓的思想。

读书知典

司马光伉俪情深

北宋士大夫生活富裕，有纳妾蓄妓的风尚，司马光婚后三十年，却只有张夫人一位正妻，坚决不纳妾。有一次，司马光到岳父家赏花，张夫人和岳母偷偷安排了一个丫环侍奉在司马光身边。司马光见人非常不客气地说："走开！夫人不在，你来见我作甚！"第二天岳父家的宾客知道此事后，都十分敬佩他，说他是"司马相如和卓文君"白头偕老的翻版。

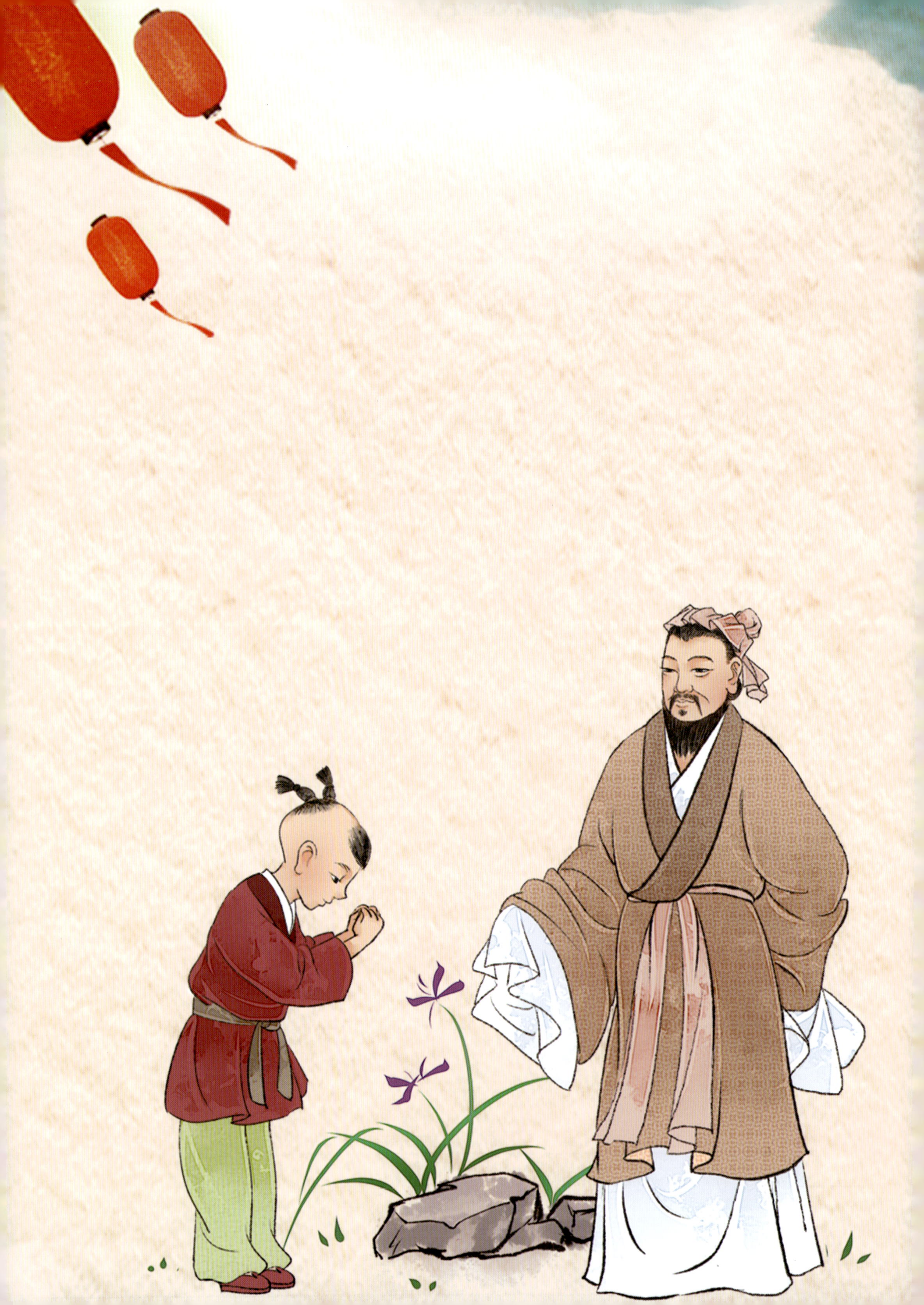

子篇

老 子

《老子》也称《老子五千文》《道德经》。原书分上下2篇，不分章，上篇为《道经》，下篇为《德经》，合称《道德经》。今本分81章，1至37章为《道经》，38至81章为《德经》。《道经》主要为宇宙论、本体论；《德经》主要为人生论和政治论。

国学精粹

将欲取之，必固予之。

释义

想要夺取什么，必须暂时先给予些什么。指的是一种付出代价引诱对方放松警惕，即欲擒故纵的策略。

不出户，知天下；不窥牖，见天道。

释义

不走出家门，就能知道天下的事情；不看窗外，就能认识天象运行的规律。比喻一切都了然于胸。

大器晚成。

释义

大型的珍贵的器物都是最晚完成的。比喻成大事者要经过长时间的磨炼才能成功。

后其身而身先,外其身而身存。

释义

遇事谦退无争,反而能在众人之中领先;将自己的生死置于度外,反而能保全自身生存。

鸡犬之声相闻,民至老死不相往来。

释义

鸡叫和狗吠都能听到,但邻居之间到老到死都不互相往来。

读书知典

张仪"无中生有"骗楚王

战国时代,张仪在他早期的游说生涯中曾到过楚国,不过没受到楚王的重用,生活非常穷困。

有一次在楚王召见他时,他对楚王说,如果楚王不想任用他,那么就放他到魏国去。还故意试探楚王,称魏国美女貌若天仙,最为娇艳。楚王听了张仪的话不禁心驰神往,心中起了些淫念。于是他赐给了张仪许多珍珠、宝石等财物,请张仪为他从魏国多带几个美女回来。

楚王的两个爱妃听了此事,慌忙地把张仪请去。张仪把楚王托他到魏国寻求美女的事,大肆添油加醋地说给她们听,她们因为害怕,所以贿赂了他许多黄金,求他别带美女回来让她们失宠。

临行前,张仪要求楚王设宴送行。酒过三巡,楚王把两个爱妃叫出来敬酒。张仪一见二妃,马上从座位上跳下来,趴在地上磕头不止,并连连说道:"我有欺君之罪,该死,该死!"

"这是怎么回事?"楚王不解地问道。张仪说:"我周游列国从未见过如此漂亮的女子,我还说要为您找世上最美的女子,这不是欺骗您吗?"楚王一听,无奈说道:"既然我的两个爱妃已经是天下最美,寻找美女的事就算了吧。"

如此一来,张仪根本不需要兑现到魏国寻找美女的许诺,还得到了黄金珠宝及楚王的款待,这便是"无中生有"。

国学精粹

大音希声，大象无形。

释义

最美的音乐反而听不到声音，最美的形象反而看不到它的形状。即有无相生，虚而为实之意。

民之从事，常于几成而败之。

释义

人们做事，常常是在快要成功的时候失败的。

其安易持，其未兆易谋；其脆易泮，其微易散。

释义

局面安定时容易把持；事物未露先兆时，容易谋划；脆的东西，容易分开；微小的东西容易消散。

江海所以能为百谷王者，以其善下之，故能为百谷王。

释义

江海之所以能成为百川之王，是因为江海能处在百川之下，故能成为百川之王。

重为轻根，静为躁君。轻则失本，躁则失君。

释义

稳重是轻率的根本，静定是躁动的主宰。轻率就会失去根本，急躁就会丧失主导。

善用人者，为之下。

释义

善于用人的人，总是非常谦卑，从不自高自大。

善于为士者不武，善战者不怒，善胜敌者不与。

释义

善于做士的人不崇尚武力；善于打仗的人不轻易被敌人激怒；善于战胜敌人的人，不轻易与敌人正面争斗。

善人者，不善人之师；不善人者，善人之资。

释义

善人可以给不善的人做老师，不善的人也可成为善人的借鉴。

读书知典

大象无形之列子学射

列御寇喜好打猎，为了向朋友们证明自己的箭术精妙，他特别请来著名的箭术专家伯昏无人给自己做个权威的评判。

列御寇在自己的后院中立好箭靶开始射箭，他拉满了弦，把装满水的杯子放在肘上，凝神一处，目不斜视，耳不旁听，连发了好几箭，后箭的尖和前箭的尾紧紧相连，形成一条线，所有的箭都射到同一点上，箭术实在高明，用"百步穿杨"来形容一点也不过分。

然而伯昏无人却像个木头人似的，面无表情地站在那里，沉默了良久，才开口说："你是为了向人展示你的箭术而射的，还没有达到那种不射之射的境界。只有那种看似不经意的射箭，才是真正的好箭术。如果我和你登上高山，脚踩着不断摇动的石头，前面是万丈悬崖和幽深的瀑布，你还能射吗？"

于是伯昏无人便带着列御寇登上高山，踩着摇动的石头，面临着无底的深渊，背后高低不平，脚一半在山巅之外。列御寇好像患了恐高症一样趴在地上，汗水流到脚跟，哪敢站起来射箭呢？这时，伯昏无人说："最有修养的人，上可以望青天，下可以入黄泉，收放自如。现在你战战兢兢，生死得失之心表现于眼神和心态，你内心的害怕就可想而知了。"

国学精粹

天网恢恢，疏而不失。

释义

天道之网，极为广大，虽然看起来稀疏，但决不会有所疏漏。比喻坏人难以逃脱制裁。

民不畏死，奈何以死惧之。

释义

如果百姓为了某一项追求已经不惧怕死亡了，那么统治者用死亡来威胁他们就已经没有用了。

大直若屈，大巧若拙，大辩若讷。

释义

最正直的人，往往表面显得委屈迁就；最灵巧的人，往往表面显得十分笨拙；而最善辩的人，往往表面很木讷。

自知不自见，自爱不自贵。

释义

有自知之明，但却不自我显露；能自爱自尊，但却不自命高贵。说明待人处世要谦虚。

上善若水，水善利万物而不争。

释义

最上等的德行就是像水一样的品德，水滋养万物，却不与万物争名夺利。老子认为拥有最高德行的人就像水一样，有宽广的胸怀、谦逊的品格、与世无争的情操和宽厚诚实的作风，这本就是最接近大道的德行，是人应该效仿的。

合抱之木，生于毫末；九层之台，起于累土；千里之行，始于足下。

释义

合抱之粗的大树也是由微小的根芽长成的；九层高的楼台，也是用一筐一筐的土垒起来的；千里远的路程，也是从脚下第一步开始的。意指所有的事物都有一个发展的过程，要有耐心与毅力依从这个过程，达成强大的目标。

读书知典

塞翁失马

古时候的边塞地区，有一个擅于术数的老头，人们都叫他塞翁。有一天，他养的一匹好马走失后到了胡人那里，邻居们跑来安慰他，他却说："马虽然丢失了，怎么知道这就不是一件好事呢？"

几个月后的一天，塞翁家的马突然回来了，而且还带回了胡人的一匹好马，邻居们又来祝贺他，这回他又说："虽然马回来了，还多得了一匹马，但又怎么知道这不是一件祸事呢？"

家里多了一匹良马，塞翁的儿子喜欢骑马，便骑着这匹马玩。但这匹马不熟悉它的新主人，乱跑乱蹿，将小主人从马背上摔下来，还摔断了腿。邻居们听说又来安慰他，他说："怎么知道这不是一件好事呢？"

一年后，胡人大举入侵边塞，青壮年男子都被征去打仗，死于战场。唯独塞翁的儿子因为摔断腿而免于征战，得以保全性命。

塞翁失马的故事正应了那句"祸兮福所倚，福兮祸所伏"。

庄 子

《庄子》又被称为《南华经》，内容包罗万象，对宇宙生成论、人与自然的关系、生命价值、批判哲学等都有详尽的论述。庄子的散文批判哲学思想博大精深，是我国古代典籍中的瑰宝。

国学精粹

庖人虽不治庖，尸祝不越樽俎而代之矣。

——出自《庄子·逍遥游》

释义

厨师即使没有做菜，执掌祭祀的人也不能放下自己的职责去代替厨师做菜。成语"越俎代庖"由此而来。

彼亦一是非，此亦一是非。

——出自《庄子·齐物论》

释义

在那里这一套是对的，在这里却是错的。比喻标准不同，强调事物的相对性。

始臣之解牛之时，所见无非牛者；三年之后，未尝见全牛也。

——出自《庄子·养生主》

释义

我在开始宰牛时，满眼看到的都是全牛；三年之后我再宰牛时，就再也没看见过整头的牛了。说明实践能让人的技术更加纯熟，可用"目无全牛"来概括。

吾生也有涯，而知也无涯。

——出自《庄子·养生主》

释义

人的生命是有限的，而知识却是无尽头的。说明学海无涯，要用有限的人生追求无限的知识。

读书知典

越俎代庖

传说古时候有一位杰出的领袖叫唐尧，在他的领导下，人民安居乐业。可是唐尧很谦逊，他听说有一位叫许由的隐士很有才能，就想把领导权让给他。唐尧对许由说："日月出来之后还不熄灭烛火，它和日月比起光亮来，不是太没有意义了吗？下过雨之后还去灌溉，对于润泽禾苗不是徒劳吗？您如果担任首领，一定会把天下治理得更好，我占着这个位置还有什么意思呢？我觉得很惭愧，请允许我把天下交给您来治理。"

许由万般推辞说："鹪鹩在森林里筑巢，也不过占一棵树枝；鼹鼠喝黄河里的水，不过喝饱自己的肚皮。天下对我又有什么用呢？算了吧，厨师就是不做祭祀用的饭菜，管祭祀的人也不能越位来代替他下厨房做菜。"

后人便用"越俎代庖"来比喻超出自己职责越权做事。

国学精粹

汝不知夫螳螂乎？怒其臂以当车辙，不知其不胜任也。

——出自《庄子·人间世》

释义

你没见过螳螂吗？它奋力举起它的臂膀去阻挡滚动的车轮，可它并不明白它的力量并不能胜任，比喻不自量力。成语"螳臂当车"出于此。

其寝不梦，其觉无忧。

——出自《庄子·大宗师》

释义

修为高的人睡觉的时候不做梦，醒着的时候也没有忧愁。形容一种豁达开朗的境界。

长者不为有余，短者不为不足，是故凫胫虽短，续之则忧；鹤胫虽长，断之则悲。

——出自《庄子·骈拇》

释义

物品该长就长，不算多余，当短则短，不算不足。所以野鸭的腿虽然短，但要给它续上一段，它就会感到发愁；鹤的腿虽然长，但要截掉一段，它也会感到悲伤。意指事物都有本来的性能，不能按主观意愿随意改动。

含哺而熙，鼓腹而游。

——出自《庄子·马蹄》

释义

含着食物做游戏，鼓着肚皮游玩。形容一种没有忧虑的生活状态，也用来形容人们生活在太平盛世游乐的场景。

是非已明，而赏罚次之。

——出自《庄子·天道》

释义

只要是非清楚，赏罚是次要的问题。

彼知颦美，而不知颦之所以美。

——出自《庄子·天运》

释义

你只知道皱着眉头好看，却不知道为什么皱着眉头好看。意指盲目学习他人，把现象当成本质，最后只能是"东施效颦"。

读书知典

东施效颦

有位姓施的美女家住耶溪西岸，人们都叫她西施。耶溪东岸也有位姓施的女子，因为自己长得丑，总是效仿西施衣着、姿态和动作，人们都叫她东施。

有一天，西施因为心口疼，走路的时候常用双手捂住胸口，并且皱着眉头。西施本就貌美，这捧心皱眉的病态更让她显得楚楚动人。村人都惊叹说："西施就算生病都那么漂亮！"东施见西施之态如此引人赞叹，便悄悄观察西施，默默记住西施的姿态和动作。回到溪东之后，马上仿效西施的模样，双手捂住胸口，同时皱着眉头。

可村人一见东施这副模样，都面露惊慌，以为来了什么妖怪。有钱人家紧闭大门，不想看见她，贫寒人家则带着妻子儿女远远躲开。

丑女东施只知道西施按着胸口愁眉苦脸的样子很美丽，却不知道西施皱眉美丽的原因。后人据此典故，提炼出成语"东施效颦"。

国学精粹

吹呴呼吸，吐故纳新。

——出自《庄子·刻意》

释义

张口呼吸，吐出体内的混浊气体，吸进新鲜空气。比喻弃旧扬新。

以道观之，物无贵贱。

——出自《庄子·秋水》

释义

从道的方面看，万物都是道的产物，没有贵贱之分。

人生天地之间，若白驹之过隙。

——出自《庄子·知北游》

释义

人生于天地之间，就如同白马跃过一道缝隙一样，很快就结束了。原意是说世间一切都在瞬息万变，生生死死，无有止时。现在多用来指人生短暂。

海不辞东流，大之至矣。

——出自《庄子·徐无鬼》

释义

海洋能够接纳东流的百川之水，所以才这样大。比喻谦虚可以使人变得更美好。

安危相易，祸福相生。

——出自《庄子·则阳》

释义

安稳和危难是相互转换的，祸患和幸福也是交替产生的。

身在江海之上，心居乎魏阙之下。

——出自《庄子·让王》

释义

人虽然隐居江湖了，但心却始终留在朝廷里（惦念朝廷的事）。后多作"身在江湖，心悬魏阙"。

委之以财而观其仁，告之以危而观其节。

——出自《庄子·列御寇》

释义

托付给他钱财得以观察到他是否廉洁；告诉他危难的事情得以观察到他是否有节操。说明应该在实际工作中来考察一个人的品行。

读书知典

蛮触之争

在《庄子·则阳》一篇中记叙了一则想象奇妙的寓言，说是蜗牛的左角上有个诸侯国，叫触氏，右角上有个诸侯国，叫蛮氏。两个国家为了争夺地盘经常发生战争，每次战争都十分惨烈，伏尸百万，血流成河，追亡逐北要花费十五天的时间，民不聊生，怨声载道，蜗牛因此失去了触觉功能。

蜗牛之角能有几何，两国却为争夺地盘发动掠夺战争，这正是庄子想要批判和揭露的，他用如此夸张讽刺的手法提醒那些好战成癖的人，为了贪图蜗角之利而屠戮生灵，付出惨重代价，实在是不值得的事。

管 子

　　《管子》是先秦时期各学派的言论汇编，内容很庞杂，包括法家、儒家、道家、阴阳家、名家、兵家和农家的观点，传说是春秋时期管仲的著作。但现行的《管子》版本是由西汉刘向编定的，原有86篇，现只有76篇，内容分为8类：《经言》9篇，《外言》8篇，《内言》7篇，《短语》17篇，《区言》5篇，《杂篇》10篇，《管子解》4篇，《管子轻重》16篇。

国学精粹

夫人必知礼然后恭敬，恭敬然后尊让。

——出自《管子·五辅》

释义

人一定是在懂得礼数之后才产生恭敬之心，有了恭敬之心才懂得尊重礼让他人。

名满于天下，不若其已也。名进而身退，天之道也。

——出自《管子·白心》

释义

已经名满天下的人，不会再有如此的巅峰，不如早些隐退。因为在名声高的时候隐退，才合乎天道的恒久之道。

民之观也察矣，不可遁逃以为不满。

——出自《管子·小称》

释义

人民看问题最清楚了，任何人都无法避过他们的眼睛而行恶。

观国者观君，观军者观将。

——出自《管子·霸言》

释义

看一个国家如何就要看他的君主，看一支军队如何就要看他的主将。

必得之事，不足赖也；必诺之言，不足信也。

——出自《管子·形势》

释义

主观上认定能办成的事情，不一定可靠；口头上承诺一定能兑现的话，不一定可信。

读书知典

买鹿制楚

楚国是齐国的劲敌，齐桓公想伐楚又担心楚国强大难以成功，向管仲请教良策。管仲就让齐王从楚国大量高价收购鹿，同时将齐国的粮食在楚国低价倾销。

在齐国的价格哄抬下，鹿价飙升。楚国人发现捉一头鹿相当于种几亩地的收入，而齐国的粮食又如此便宜，于是楚国农民纷纷放弃农田去捉鹿。

看到时机成熟，管仲突然下令禁止向楚国出口粮食，同时也禁止养鹿，已收购来的鹿也大量低价转卖。如此一来，鹿价大跌，粮价却飙升，楚国人没钱买粮，民心大乱，纷纷逃亡。管仲让齐桓公此时出兵楚国，饥饿难耐的楚兵临阵脱逃，楚王只好认输讲和。

管仲兵不血刃就重创了楚国，为齐桓公奠定了霸主之位。

国学精粹

不偷取一世，则民无怨心。

——出自《管子·牧民》

释义

对国事一时也不懈怠，则民众便不会产生怨言。

不以物乱官，不以官乱心，是谓中得。

——出自《管子·内业》

释义

不要让外物扰乱了感官，不要让感官扰乱了心志，这就叫做心中有所得。

道德当身，故不以物惑。

——出自《管子·戒》

释义

如果自己有了高尚的道德，就不会被外界不正的东西所迷惑。

得人者，卑而不可胜。

——出自《管子·侈靡》

释义

得人心的人，即使地位低下，也是不可战胜的。

钓名之士，无贤士焉。

——出自《管子·法法》

释义

追求名誉的人，是谈不上贤士的风度的。

节欲之道，万物不害。

——出自《管子·内业》

释义

能克服私欲，就没有什么事物能加害于你了。

读书知典

买缟灭鲁

春秋时期的鲁国与齐国是邻国，因此成为齐国第一个想吞并的目标。鲁国生产一种又细又白的布叫"鲁缟"，深受当时的贵族喜欢。管仲便让齐王穿鲁缟做的衣服，同时也鼓励齐国百姓都穿鲁缟。这样，齐国大量的购买鲁缟，鲁缟被齐国炒成了天价。鲁国的百姓一看织缟有利可图，便纷纷把农田都种桑养蚕，大量农民开始从事鲁缟的生产，农业生产基本荒废了。这时，管仲让齐王一声令下，齐国人禁止穿鲁缟，同时禁止出售粮食给鲁国。鲁国人抱着鲁缟饿着肚子，尸横遍野，经济崩溃，鲁国不战而屈从于齐国。

国学精粹

全生之说胜，则廉耻不立。

——出自《管子·立政九败解》

释义

如果苟全性命占了上风，那么人们就不讲廉耻了。

人无弘量，但有小谨，不能大立也。

——出自《管子·小谨》

释义

一个人如果没有博大的胸怀，只知道谨小慎微，是不能成就大事业的。

人有非上之所过，谓之正士。

——出自《管子·桓公问》

释义

一个人如果敢于对上级的错误提出批评，这样的人便可叫作正直的人了。

士不厌学，故能成其圣。

——出自《管子·形势解》

释义

士人能够勤学不厌，因此能够成为圣人。

善罪身者，民不得罪也；不能罪身者，民罪之。

——出自《管子·小称》

释义

善于自责反省的人，人民反而不会责备他；而不肯自我反省的人，人民就会谴责他。

治国常富，而乱国常贫。

——出自《管子·治国》

释义

局势安定的国家往往是富足的，而局势混乱的国家则常常是贫穷的。说明国家的贫富与政局有着直接的关系。

一树百获者，人也。

——出自《管子·权修》

释义

一次栽培就能有百倍收获的，只有培养人才可以达到。

争天下者，必先争人。明大数者，得人；审小计者，失人。

——出自《管子·霸言》

释义

要想争夺天下就必须先争取到人心。能为大局考虑的人便能得到人心，只打小算盘的就会失去人心。

读书知典

见异思迁的典故

春秋时期，齐桓公问丞相管仲如何才能使民众安居乐业，管仲回答说："士农工商是一个国家的柱石，不能让他们杂居，杂居则说的话做的事都不一样。所以应该安排士住在闲静之地，安排农民住近田野之地，安排工匠靠近官府之地，安置商人靠近市场之地，这样分开集中居住，说的话做的事都一样，便于他们学习与钻研本行业的技能，时间久了形成习惯，思想就会安定，'不见异物而迁'，这样就可以达到目的了。"后人将"不见异物而迁"演化为"见异思迁"，指看见一个事物就改变原来的主意，指意志不坚定，喜爱不专一。

国学精粹

仓廪实则知礼节，衣食足则知荣辱。

——出自《管子·牧民》

释义

粮仓里的粮食充足，人们才能顾及到礼节；丰衣足食了才会知道什么是光荣与耻辱。说明只要满足了基本的温饱需求之后，百姓才会有精神层面的追求。

俭则伤事，侈则伤货。

——出自《管子·乘马》

释义

过于节俭就会伤害生产的发展，而过于奢侈就会对财货造成浪费。说明应该适度消费来刺激生产发展。

市者可以知治乱，可以知多寡。

——出自《管子·乘马》

释义

通过观察市场的行情，可以知道国家是安定还是混乱，可以知道国家物资的多少。

观其交游，则其贤不肖可察也。

——出自《管子·权修》

释义

看人只要观察与他交往的人，就可以知道他的品行好坏。

所求于己者多，故德行立。

——出自《管子·君臣》

> **释义**

对自己严格要求的人，其高尚的品德就自然树立起来了。

> 今日不为，明日忘货；昔之日已往而不来矣。

——出自《管子·乘马》

> **释义**

今天不努力做事，明天就会财货贫乏。过去的时光已经过去了，再也不会回来了。原意是指农时很重要，抓住农时就能获得丰收。也提醒人们要珍惜机遇，有付出才有收获。

读书知典

金龟换粮

齐桓公因为军粮短缺而忧心，向相国管仲请教对策，他说："有什么办法可以在不增加百姓赋税的前提下，为国库筹备足够的军粮吗？"管仲胸有成竹地说："这好办！听说北郭有个人，挖地时挖出来一只龟，这只龟就值五百亩地的粮食。我去把那只乌龟弄回来就行了。"齐桓公不敢相信，管仲让他等着瞧。

次日，管仲派出十乘车的使团，声势浩大地到了那个人家，告诉他说他挖出的那只龟是东海海神的后代，他要为国君请回去供奉起来，并给他一百金作为奖赏。管仲用金制大盘将神龟请回去之后，将龟供奉在大台上，每天杀四头牛来祭祀它，而祭祀用的牛肉又被视为吉祥的食物送到市场上以更高的价格卖掉，一点也不浪费。神龟也被传得神乎其神。

后来，齐国出兵攻打孤竹国，管仲请来齐国首富丁老爷，对他说齐王要征用他家的粮食，但以神龟作为抵押，可以送到他的家中由他供奉。丁老爷一听受宠若惊，痛快地答应了，将神龟请回家中供起来。而齐军出征孤竹的粮食问题就这样解决了。

晏子春秋

《晏子春秋》是记叙晏婴言行的一部书，也是中国最古老的传说故事集，大约成书于战国末期，是后人假托晏婴的名义所作。《晏子春秋》共8卷，包括内篇6卷（谏上下、问上下、杂上下），外篇2卷，计215章，全部由短篇故事组成，详细地记述了齐国灵公、庄公、景公三朝贤相晏婴的生平轶事及各种传说、趣闻。

国学精粹

圣人千虑，必有一失；愚人千虑，必有一得。

——出自《晏子春秋·内篇·杂下》

释义

有大智慧的人思虑再多，也会有一次疏漏的时候；愚笨的人也思虑千次，总会有一次是好见解。后来，也用"千虑一失"警告人们要谨慎；用"千虑一得"作自谦之词。

言无阴阳，行无内外。

——出自《晏子春秋·内篇·问上》

释义

不管人前人后，说话都要一样，不论是亲是疏，做事都要公平。

利于国者爱之，害于国者恶之。

——出自《晏子春秋·内篇·谏上》

释义

对国家有利的人或事就要给予爱护，对国家有害的人或事就要声讨它远离它。

不出尊俎之间，而折冲于千里之外。

——出自《晏子春秋·内篇·杂上》

释义

没有离开酒肉席间，却把千里之外的敌人制服。这是晏婴的事迹，靠坐席之间的外交交涉使敌人放弃进攻的打算，有典故"尊俎折冲"。

藏大不诚于中者，必谨小诚于外，以成其大不诚。

——出自《晏子春秋·外篇·重而异者》

释义

内心大奸大恶的人，表面上一定谨守小忠小信，用来掩饰他的大奸大恶。说明心怀叵测的人往往善于伪装，不易辨识。

称身居位，不为苟进；称事受禄，不为苟得。

——出自《晏子春秋·内篇·问下》

释义

要先衡量自己的德才如何，再决定去担任何等职务，不该担任的职位不去担任；要先衡量一下自己的功劳如何，再去领俸禄，切不可无功受禄。

读书知典

尊俎折冲

春秋时期，晋国计划着要攻打齐国，为了探明齐国的国力和局势，晋平公便派了大夫范昭出使齐国。齐景公见强晋来使，便盛宴款待了范昭，晏婴同席坐陪。

席间，酒过三巡，大家都有些醉，这时范昭借着酒劲儿对齐景公说："大王，请您赐我一杯您的酒喝吧。"齐景公爽快地吩咐左右的人说："把酒倒在寡人的酒杯里赐给他吧。"范昭接过酒杯一饮而尽，然后又把酒杯送还给齐景公。晏婴看到后，厉声喝斥侍臣道："快扔掉这个酒杯，给大王再换一个。"因为依照当时的礼节，在酒席上，君臣各用各的酒杯。范昭故意违反礼节就是要试探齐国君臣的反应，但被晏婴识破了。

范昭回国后，把自己的所见所闻告诉了晋平公，他认为齐国有晏婴这样的贤臣在，还不是攻打齐国的最佳时机。晏婴靠酒席上的外交就使敌人放弃了进攻，孔子听后称赞道："不出尊俎之间，而折冲千里之外。"

国学精粹

人不同能,而任之以一事,不可责遍成。

——出自《晏子春秋·内篇·问上》

释义

人的才能各不相同,只能根据他们各自不同的才能让他们担任每件事,而不能求全责备。

列士并学,能终善者为师。

——出自《晏子春秋·内篇·谏上》

释义

读书人在一起学习,最终坚持到底的,就能成为老师了。

上无骄行,下无谄德。

——出自《晏子春秋·内篇·问上》

释义

国君没有骄傲自大的行为,下面的人就不会有阿谀奉承的作风。

任人之长,不强其短;任人之工,不强其拙。

——出自《晏子春秋·内篇·问上》

释义

任用人才要用他的长处,不过问他的短处;要用他所擅长的技能,不勉强他不擅长的。

不因喜以加赏，不因怒以加罚。

——出自《晏子春秋·内篇·问上》

释义

不因为高兴就多加奖赏，也不因为愤怒就加以惩罚。说明奖惩不应因个人的喜怒而变化不定，而是应该有一定的标准。

橘生淮南则为橘，生于淮北则为枳。

——出自《晏子春秋·内篇·杂下》

释义

橘子生在淮河以南的地方就是橘树，生在淮河以北的地方就是枳树。比喻环境改变了，事物的性质也会改变。

踊贵而屦贱。

——出自《晏子春秋·内篇·杂下》

释义

受刖刑者穿的鞋价钱比普通人穿的鞋还要贵。从侧面反映了刑罚的严酷和残酷。

读书知典

晏子使楚

晏子出使楚国，楚国人想羞辱他，看他的身材矮小，就在城门旁边特意开了一个小门，让他从小门入城。晏子立在门外说："只有出使狗国的人，才从狗洞中进去。今天我出使的是楚国，应该不是从此门中入城吧。"楚国人只好改道请晏子从大门中进去。

晏子入城拜见楚王。楚王说："齐国恐怕是没有人了吧？"晏子回答道："齐国首都临淄有七千多户人家，人挨着人，肩并着肩，展开衣袖可以遮天蔽日，挥洒汗水就像下雨一样，怎么能说齐国没有人呢？"楚王说："既然这样，为什么派你这样一个人来做使臣呢？"晏子回答道："齐国派遣使臣，是因材适用，贤明的人就派遣他出访贤明的国君，无能的人就派他出访无能的国君，我是最无能的人，所以就只好出使楚国了。"

荀 子

　　《荀子》是荀子和他的弟子们整理记录他人言行的哲学著作。西汉刘向整理时定为32篇，大致可分为三类：一类是荀子亲手所著的22篇；一类是荀子弟子所记录的荀子言行，共5篇；一类是荀子及弟子所引用的材料，共5篇。

国学精粹

　　青，取之于蓝，而青于蓝；冰，水为之，而寒于水。

——出自《荀子·劝学》

释义

　　青色是从蓝草里提炼出的，但颜色比蓝草更青；冰是由水凝结而成的，却比水还寒冷。比喻只要努力学习，就可以后来居上。

　　学不可以已。

——出自《荀子·劝学》

释义

　　学习是不可以停止的。

不积跬步，无以至千里；不积小流，无以成江海。

——出自《荀子·劝学》

释义

没有一步半步的积累，就无法行走千里的路程；没有细小的溪流汇聚在一起，就不会有浩瀚的江海。比喻学习在于积累。

锲而舍之，朽木不折；锲而不舍，金石可镂。

——出自《荀子·劝学》

释义

刻几下就放弃，就算是腐朽的木头也刻不断；坚持不懈地刻下去，就是金石也可以雕刻成功。比喻学习应持之以恒、坚持不懈。

读书知典

青出于蓝

南北朝时期，著名的学者孔璠收了很多弟子，其中一个叫李谧的弟子非常勤奋好学，孔璠非常喜欢他，便将自己的全部学问都传授给了他。

李谧在老师的指导下，加上自己的勤学慎思，知识和学问已经超过了老师，可他十分谦虚，在老师面前从不表现自己过人之处。

孔璠有个习惯，平时遇到了疑难问题喜欢与弟子们探讨。有一次，孔璠遇到了难题，就询问李谧。李谧心中已经知道了答案，但是不想表现得比老师高明，所以在解答问题时故意吞吞吐吐，欲说还休。孔璠发现这不是李谧的真实水平，事后他留下李谧谈话。

孔璠说："我向你请教问题，你不要因为担心我的面子问题而明知道答案却不回答。孔子说过，'在三个人当中就会有人是我的老师'。凡在某一方面比我知道得多的人就可以做我的老师，何况你还是很有才能的呢！"

孔璠虚心向弟子求教的事情传出去后，受到了当时士林中人的褒扬。有人为此编了一首短歌，颂扬孔璠不耻下问的精神，也赞扬李谧尊师重道的精神："青成蓝，蓝谢青；师何常，在明经。"

国学精粹

以修身自名则配尧、禹。

——出自《荀子·修身》

释义

通过品德修养来使自我强大，那么（他的）声名就可以与先贤尧和禹相比了。

良贾不为折阅不市。

——出自《荀子·修身》

释义

精明的商人不会因为亏了本就不再做生意。

是是非非谓之知；非是是非谓之愚。

——出自《荀子·修身》

释义

肯定正确的、否定错误的，叫作智慧；否定正确的、肯定错误的，叫作愚钝。

一进一退，一左一右，六骥不致。

——出自《荀子·修身》

释义

一会儿向前，一会儿向后，一会儿向左，一会儿向右，即使用六匹马拉的好车也无法到达目的地。比喻做事要目标专一。

庸言必信之，庸行必慎之。

——出自《荀子·不苟》

释义

平常的言论一定要守信用，平常的行为一定要谨慎。指即使在平常的言行举止中也不要放松对自己的要求。

公生明，偏生暗。

——出自《荀子·不苟》

释义

公正就会使人明于事理，偏私就会使人愚昧糊涂。

崇人之德，扬人之美，非谄谀也。

——出自《荀子·不苟》

释义

推崇他人的品德，赞扬他人的优点，这不是阿谀奉承。

读书知典

浮阳之鱼

鲦鱼和鲈鱼，都喜欢浮在水面上晒太阳，所以它们被称为浮阳之鱼。

一天，它们又浮在水面上随波荡漾，也许是过于舒适，以至于它们不知不觉中顺着潮水漂向了沙滩。

到了退潮的时候，它们依然留连忘返，浑然不觉。直到潮水退尽了，它们才发现自己搁浅在了沙滩上，再想回到水中，已经来不及了。它们此时追悔莫及，可是到了面临死亡的时候才懂得行为应该谨慎，已毫无用处了。

荀子借这个故事告诉人们，有自知之明的人，不会埋怨别人；懂得事物规律的人，不会埋怨上天。那些怨人的，多是智低才疏；那些怨天的，往往胸无大志。错误在于自己，反而责怪别人，这不是过于迂腐荒谬了吗？

国学精粹

不学问，无正义，以富利为隆，是俗人者也。

——出自《荀子·儒效》

释义

没有学问，不修行道德正义，总以私利为前提的人，这是庸俗的人。

有师法者，人之大宝也；无师法者，人之大殃也。

——出自《荀子·儒效》

释义

有老师指导又懂得礼法，这是人生的宝贵财富；没有老师指导又不懂礼法，这是人生的大不幸。

无德不贵，无能不官。

——出自《荀子·王制》

释义

没有德行操守的人不能让他成为富贵之人；没有才能的人不能让他做官。

伯乐不可欺以马，而君子不可欺以人。

——出自《荀子·君道》

释义

只有伯乐最了解什么样的马是骏马，不要拿马的优劣来欺骗他；只有道德高尚的人才能知道什么样的人是君子，不要以奸邪充当贤德来欺骗他。

公道达而私门塞，公义明而私事息。

——出自《荀子·君道》

释义

公正的道路畅通了，徇私舞弊的门就被堵塞了；为公的原则明确了，私人的贪图就停止了。

得众动天，美意延年。

——出自《荀子·致士》

释义

取得大众的拥护就能干出惊天动地的事业，心情愉悦可以延年益寿。

不全不粹之不足以为美也。

——出自《荀子·劝学》

释义

不全不精就不算是完美。说明艺术没有丰富性和典型性，就说不上是美的。

读书知典

蒙鸠为巢

南方有一种鸟，名叫蒙鸠。羽毛灰色，有花斑，善于编巢。它常用茅草、芦苇、羽毛等作原料，再加以头发丝或麻缕来编织鸟巢，这样编织出的鸟巢又大又精巧结实，故蒙鸠也被称为"巧妇鸟"。它们常把鸟巢建造在树林里或者芦苇丛中。荀子看到有只蒙鸠编了一个精美完好的巢，却把巢系在了芦苇新生的嫩条上，大风吹来，芦苇的嫩条折断，鸟巢落地，鸟蛋也摔破了。荀子感慨道："巢非不完也，所系者然也。"意思是说，蒙鸠费力结了巢，但选择的地方不对，一切都会成为徒劳。

国学精粹

刑当罪则威，不当罪则侮。

——出自《荀子·君子》

释义

刑罚处置与所犯罪行匹配得当，则法律就有威严；刑罚处置与所犯罪行匹配不当，法律就会被轻视。

务本节用财无极。

——出自《荀子·成相》

释义

专心致力生产，创造财富，同时节省财用，这样，财富就会不断积累，丰富无比。

主道知人，臣道知事。

——出自《荀子·大略》

释义

一国之君的职责是选用贤人，臣子的职责是处理分内的事务。

善学者尽其理，善行者究其难。

——出自《荀子·大略》

释义

善于学习的人会彻底搞清事物的道理，善于做事的人能彻底克服所有困难。

悍戆好斗，似勇而非。

——出自《荀子·大略》

释义

蠢直剽悍，喜欢战斗，这样看似很勇敢实则不是。

苟不求助，何能举。

——出自《荀子·大略》

释义

不懂得向贤人寻求帮助，怎么能办好事情呢？

读书知典

涓蜀梁疑鬼

夏水口的南面有个人叫涓蜀梁，他生来是个愚昧而又胆小多疑的人。

有一次，他一个人在月光下赶路，一低头，看到自己地上的影子，他以为那是一个鬼趴在地上。抬起头，他看到自己的头发，又以为是一个魅站在那里。他吓得半死，转头拼命往回跑。一路上磕磕绊绊、踉踉跄跄地在极度恐惧中狂奔，等他跑回家里，却因为惊吓过度气绝身亡了。

荀子在《荀子·解蔽》篇讲到这个寓言，他说，这难道不是很可悲的事吗？但凡人认为有鬼，都是在他心神不宁、精神恍惚的当口，这正是人们认无为有，认有为无，多疑善畏，盲目自扰的结果。

国学精粹

涂之人可以为禹。

——出自《荀子·性恶》

释义

普通的人都可以成为像大禹那样的圣人。说明只要通过教育，每个人都可能成为圣贤之人。

少而不学，长无能也；老而不教，死无思也。

——出自《荀子·法行》

释义

年少时不学习，长大后就没有才能；年老时不对后人进行教育，死了之后就没有人怀念。

君子能无以利害义，则耻辱亦无由至矣。

——出自《荀子·法行》

释义

君子能够不因为财利而危害道义，那么耻辱也就没有理由到来了。

不知其子视其友。

——出自《荀子·性恶》

释义

不了解儿子，就看看儿子身边交往的朋友就清楚了。指通过朋友能看出一个人的好坏。

足国之道：节用裕民，而善臧其余。

——出自《荀子·富国》

释义

使国家富足的办法就是，节约用度，让人民富裕起来，并且善于将剩余的财货储存起来。

> 人虽有性质美而心辩知，必将求贤师而事之，择良友而友之。

——出自《荀子·性恶》

释义

一个人即便有很好的本性素养和辨识能力，也还是要向贤明的老师学习，选择品行温良的朋友来结交。

> 能之曰能之，不能曰不能，行之至也。

——出自《荀子·子道》

释义

能做就说能做，不能做就说不能做，这是行为的最高标准。强调做事应实事求是，老老实实。

> 月不胜日，时不胜月，岁不胜时。

——出自《荀子·强国》

释义

做事按月计算不如按日计算，按季计算不如按月计算，按年计算又不如按季计算。意在告诫人们要珍惜时间。

读书知典

少女遇盗

有个少女，脖子上戴着闪闪发光的珍珠项链，腰间佩带着晶莹剔透的玉环，浑身珠光宝气，包袱里还放着黄金，一路步态轻盈地在山路上行走。突然，路旁蹿出一伙强盗。强盗看见少女身上的金玉首饰和包袱中沉甸甸的黄金，眼里露出了贪婪的光，马上持刀向少女逼来。少女被这突如其来的灾祸吓蒙了，双眼不敢正视强盗，双膝着地，连声求饶，卑怯得像人家屋里的奴婢一样，但还是没有免了被杀的命运。荀子借此寓言告诫人们，对待强盗卑微妥协是没用的，只能奋起斗争，才能争取到一线生机。

孙子兵法

《孙子兵法》共13篇,由孙武草创,后经其弟子整理而成,约成书于春秋战国之交,又称《孙武兵法》《吴孙子兵法》,简称《孙子》,内容博大精深,揭示了战争的一些一般规律。为后世兵法家所推崇,被誉为"兵学圣典",是中国古代最伟大的兵书,也是现存最早的一部兵书。

国学精粹

兵者,国之大事,死生之地,存亡之道,不可不察也。

——出自《孙子兵法·始计》

释义

战争,是国家的大事,关系着百姓的生死和国家的存亡,不能不慎重考虑。

兵贵胜,不贵久。

——出自《孙子兵法·作战》

释义

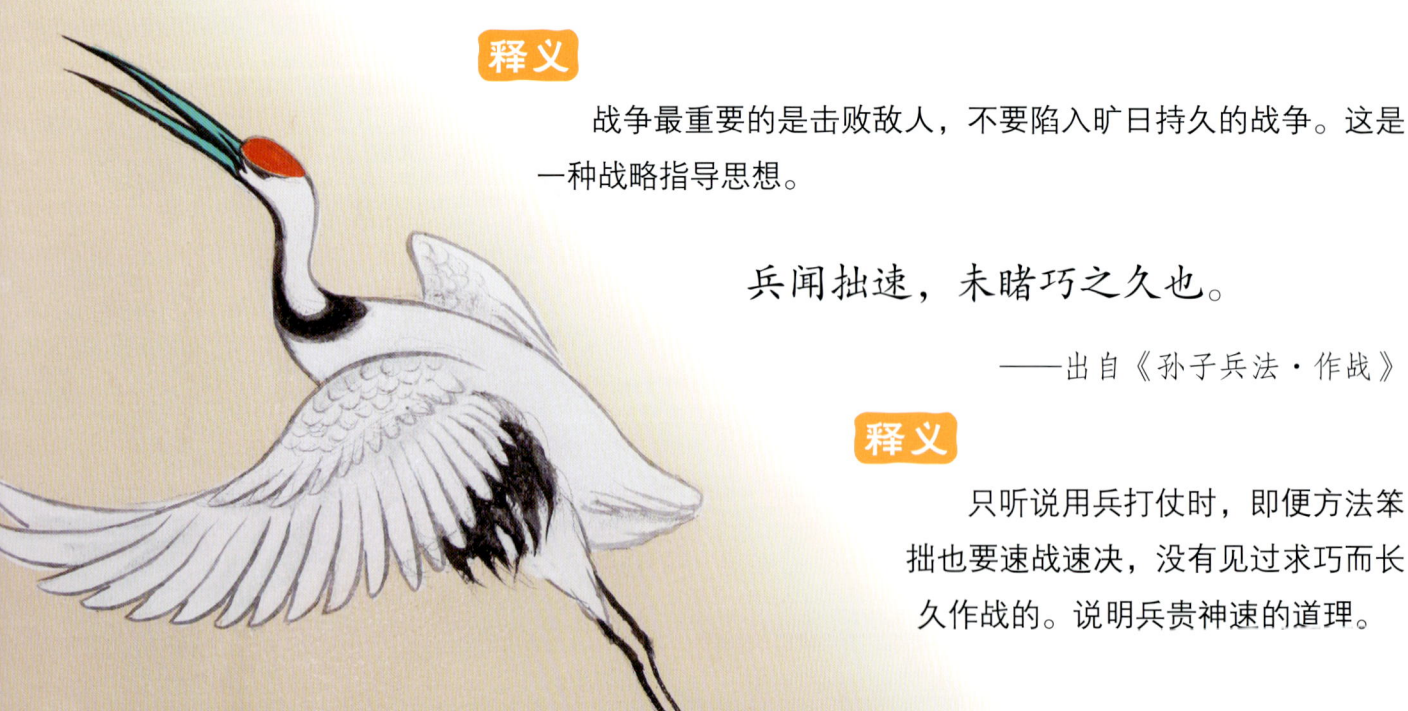

战争最重要的是击败敌人,不要陷入旷日持久的战争。这是一种战略指导思想。

兵闻拙速,未睹巧之久也。

——出自《孙子兵法·作战》

释义

只听说用兵打仗时,即便方法笨拙也要速战速决,没有见过求巧而长久作战的。说明兵贵神速的道理。

凡战者，以正合，以奇胜。故善出奇者，无穷如天地，不竭如江河。

——出自《孙子兵法·兵势》

释义

凡是作战，都是用"正"兵迎战，用"奇"兵取胜，因此，善于出奇兵的将领，其战法就好比天地一样变幻无穷，兵力如江河一样奔流永不枯竭。

不知三军之事，而同三军之政，则军士惑矣。

——出自《孙子兵法·谋攻》

释义

不了解军队内部的事务，却要干预军队的行政事务，将士就会迷惑不解，无所适从。

上兵伐谋，其次伐交，其次伐兵，其下攻城。

——出自《孙子兵法·谋攻》

释义

上等的军事行动是在谋略上挫败敌人，其次是在外交上挫败敌人，再次是用武力进攻挫败敌人，最下策是攻打敌人的城池。

读书知典

兵学圣典

孙武本是齐国人，但当时齐国内乱不止，他深感自己无用武之地，便去了吴国。孙武来到吴国后，结识了伍子胥。两人性情相投，很快成为密友。不过当时吴国的局势也动荡不安，于是两人避隐深居，等待时机。到了公元前515年，阖闾即位。他礼贤下士，任用伍子胥、孙武等一批贤臣，训练军队，积蓄粮食，建筑城垣，吴国呈现出一派欣欣向荣的景象。吴国国力日强，孙武开始帮助吴王消灭楚国。在柏举之战中，孙武以三万吴军大败二十万楚军，攻灭了强楚，震惊中原诸国。吴王得此雄才，开始变得骄傲起来，甚至处死了伍子胥。孙武此时明白了鸟尽弓藏的道理，于是退隐江湖，以其多年的战争经验，完善兵法，为后世留下了这部兵学圣典——《孙子兵法》。

国学精粹

小敌之坚,大敌之擒也。

——出自《孙子兵法·谋攻》

释义

力量小的一方,如果只知坚守与敌方硬拼,必然会成为强大敌人的俘虏。

知彼知己者,百战不殆;不知彼而知己,一胜一负;不知彼,不知己,每战必殆。

——出自《孙子兵法·谋攻》

释义

了解敌人也了解自己的,每一次战争都不会有危险;不了解敌人却了解自己,胜败的概率各占一半;既不了解敌人也不了解自己,每一次战争都必有危险。

胜兵先胜而后求战,败兵先战而后求胜。

——出自《孙子兵法·军形》

释义

打胜仗的军队,总是先创造取胜条件,有把握立于不败之地后,再去和敌兵交战;打败仗的军队,总是先与敌交战,然后去期求胜利。强调不打无准备之仗。

善战者之胜也,无智名,无勇功。

——出自《孙子兵法·军形》

释义

善于用兵打仗的人,只是战胜了容易战胜的敌人。因而,这些善于打仗的人的胜利,既没有智谋的名声,也没有勇武的战功。

攻其无备，出其不意，此兵家之胜。

——出自《孙子兵法·始计》

释义

在敌人还没有准备的时候进攻，在敌人不曾预料到的地方出击，这是研究军事的人克敌制胜的绝招。

读书知典

兵不厌诈

公元前633年，楚国攻打宋国，宋国向晋国求救。晋文公便派兵攻占了楚国的盟国曹国和卫国，要求他们与楚国绝交，才同意他们复国。楚国听闻此事，立即中断攻打宋国，转而来和晋国交战。两军在城濮对阵。

晋文公重耳曾流亡楚国，受到过楚成王的恩惠，楚成王问重耳将来如何报答他，重耳说："美女、绸缎您都有了，我没有什么能给您的，假如托您的福我能回国执政，将来一旦两国发生战争，我就撤退三舍（九十里）。如果楚国还不能谅解，我们再交战。"

为了信守当初的诺言，晋文公当真后退三舍，而楚国大将却紧追不舍。这时晋文公的舅舅子犯进言说："君子讲礼自然要重忠诚和信用，但在你死我活的两军交战时，不妨用欺诈手段迷惑对方。"

晋文公听从子犯的策略，继续撤军后退九十里，引得楚军大军深入，再以伏兵夹击。最终以弱胜强，取得城濮之战的胜利。

国学精粹

三军可夺气，将军可夺心。

——出自《孙子兵法·军争》

释义

军队的士气可以被瓦解，将帅的雄心也可以被挫伤。说明战争中要善于攻心。

善用兵者，避其锐气，击其惰归，此治气者也。

——出自《孙子兵法·军争》

释义

善于统兵打仗的人，总是会避开敌人的锐气正盛的时机，等到敌人的士气松懈下来，快收兵的时候再去攻击，这是正确运用军队士气的方法。

兵非益多也，惟无武进，足以并力、料敌、取人而已。

——出自《孙子兵法·行军》

释义

用兵并不是人越多越好，只要不轻视敌人，做到同心协力、判明敌情，战胜敌人就够了。

令之以文，齐之以武，是谓必取。

——出自《孙子兵法·行军》

释义

用政治道义来教育士兵，用军法军纪来统率军队，这样的军队一定能够取得胜利。

知彼知己，胜乃不殆；知天知地，胜乃不穷。

——出自《孙子兵法·地形》

释义

了解敌人也了解自己，取胜就没有危险；懂天时也懂地利，胜利的机会就无穷了。

始如处女，敌人开户；后如脱兔，敌不及拒。

——出自《孙子兵法·九地》

释义

战争开始的时候，军队像深闺女子一样庄重、娴静，让敌人没有防备；而战争打响后，就像脱逃的兔子一样风驰电掣地行动，让敌人来不及抵抗。

读书知典

孙子膑脚

这里的孙子指的是孙膑，孙武后人。战国时期，孙膑和庞涓同拜鬼谷子为师学艺。孙膑的兵法韬略在庞涓之上。后来两人先后来到魏国，大展宏图。孙膑杰出的才能遭到心胸狭窄的庞涓的嫉妒，于是用计陷害孙膑，让魏王以为孙膑欲叛魏投齐。魏王大怒，对孙膑施以黥刑（在脸上刺字）和膑刑（剔掉膝盖骨）。孙膑被害双腿残疾，只得靠装疯骗过庞涓逃到齐国，被齐国拜为军师，辅佐训练齐军。此后孙膑在魏赵交战时凭借"围魏救赵"俘虏庞涓，后又在齐魏大战时，以"减灶"的计策引庞涓轻骑追赶，在马陵道设计杀死庞涓。经此二战后，齐国称霸中原以东，孙膑也因出色的军事才能被后世供奉朝拜。他著有《孙膑兵法》，也是后代兵家必读之经典。

列 子

《列子》内容多为民间故事、寓言和神话传说，如《愚公移山》《纪昌学射》等，形象鲜明，含义深刻，直到现在，仍有较高的文学意义及思想内涵。唐天宝年间，诏告《列子》为《冲虚真经》，作为道家的经典之一。

国学精粹

圣人不察乎存亡，而察其所以然。

——出自《列子·说符》

释义

圣明的人不理会看国家兴亡的这个结果，而是重点探究造成兴亡成败这一结果的原因。

人之巧乃可与造化者同功乎？

——出自《列子·汤问》

释义

人技艺的精巧，竟然可以与天然生成的精巧媲美。赞叹工匠技艺之高。

善持胜者，以强为弱。

——出自《列子·说符》

释义

善于保持胜利的人，总是将自己的强大看成是弱小。说明要想保持住胜利，就不能骄傲自满。

病非一朝一夕之故，其所由来渐矣。

——出自《列子·力命》

> **释义**
>
> 疾病不是一朝一夕形成的，而是日积月累形成的。

见出以知入，观往以知来。

——出自《列子·说符》

> **释义**
>
> 看见外表就可以知道内里，观察过去就可以预知未来。

大道以多歧亡羊，学者以多方丧生。

——出自《列子·说符》

> **释义**
>
> 大路由于岔路太多而丢失了羊，求学的人因为目标太多而荒废了生命。比喻做学问应专精。

读书知典

疑邻盗斧

从前有个人丢了一把斧子，他怀疑是邻居的儿子偷去了。有了这个想法后，他观察邻居儿子走路的样子，像是偷斧子的；再看那人的脸色表情，也像是偷斧子的；听他的言谈话语，更像是偷斧子的，那人的一言一行、一举一动，都让他确信他就是偷斧子的人。

后来，这个人在山谷里挖地时，找到了自己的那把斧子，确认斧子并不是被邻居的儿子偷了之后，他再观察邻居的儿子，就觉得他的言谈举止都不像是偷斧子的人了。

《列子·说符》借这个寓言来警示那些不注重事实根据，对人对事胡思乱想的人。

国学精粹

物不至者则不反。

——出自《列子·仲尼》

释义

事物不发展到极点，就不会走向反面。印证物极必反的道理。

理无常是，事无常非。

——出自《列子·说符》

释义

道理没有永远正确的，事情没有永远是错误的。说明事物都是在不断变化的。

贤君无私怨。

——出自《列子·力命》

释义

贤明的君主不计较个人的私怨。

得时者昌，失时者亡。

——出自《列子·说符》

释义

顺乎时代潮流的就会昌盛，逆于时代潮流的就会走向灭亡。

外游者，求备于物；内观者，取足于身。

——出自《列子·仲尼》

释义

向外物游览就要要求外物的完备，向自己内心求取，则能充实完善自身。

人而无义，唯食而已，是鸡狗也。

——出自《列子·说符》

释义

作为人而不知大义，只知道吃吃喝喝，这和鸡狗是一样的呀。

读书知典

九方皋相马

伯乐是春秋时期的相马能手，他的相马技能天下闻名。伯乐渐渐年岁大了，秦穆公让伯乐推荐可以继承他衣钵的相马大师。伯乐回答说相马术只可意会不可言传，自己的后人中无此人才。但他向秦穆公推荐了一个叫九方皋的人，说他的相马技术不在自己之下。于是秦穆公便召见了九方皋，叫他到各地去寻找千里马。

九方皋到各处去寻马，三个月后，他回来向秦穆公报告说找到了一匹黄色的母马，在沙丘。秦穆公马上派人去看，发现那是一匹黑色的公马。秦穆公很不高兴地把伯乐叫来，责怪他推荐的人并不靠谱，连马的颜色都能相错。伯乐长叹一声说道："九方皋相马竟然达到了这样的境界！他真是高出我千万倍。九方皋看到的是马的天赋和内在素质。深得它的精妙，而忘记了它的粗糙之处；明悉它的内部，而忘记了它的外表。九方皋只看见了他需要看见的，遗漏了他所不需要看见的。九方皋相马的价值，远远高于千里马的价值啊！"

秦穆公命人把那匹马带回来一试，果然是匹天下少有的好马。

鬼谷子

《鬼谷子》是一部由鬼谷子讲授，后经其弟子苏秦、张仪等人补充、修改而成的集纵横家、兵家、道家、阴阳家等思想于一体的政治理论著作，是一部充满谋略和智慧的奇书，也是一部历朝历代乃至各国政治权谋家的必备书。这本书在全世界有着广泛的影响。

国学精粹

变化无穷，各有所归。或阴或阳，或柔或刚，或开或闭，或弛或张。

——出自《鬼谷子·捭阖》

释义

事物的变化没有止境，但终是万变不离其宗，或属阴或属阳，或柔弱或刚强，或开张或闭合，或松弛或紧张。

夫贤不肖、智愚、勇怯有差，乃可捭，乃可阖；乃可进，乃可退；乃可贱，乃可贵，无为以牧之。

——出自《鬼谷子·捭阖》

释义

人与人资质不同，有的贤能，有的不肖；有的聪明，有的愚蠢；有的勇敢，有的怯懦。针对不同的人，要用不同的对待方式，可以对人开放，也可以对人封闭；可以激进，也可以退隐；可以轻视，也可以尊重，要依靠无为来掌控。

捭阖者，道之大化。说之变也，必豫审其变化，吉凶大命系焉。口者，心之门户也；心者，神之主也。志意、喜欲、思虑、智谋、此皆由门户出入。故关之以捭阖，制之以出入。

——出自《鬼谷子·捭阖》

> **释义**

"捭阖"是事物运行的基本原则，也是游说变化的依据，游说者必须事先审察到这些变化，这是游说能否成功、游说目的能否达到的关键所在。口是心灵的门户，心是灵魂的主宰，人的意志、欲望、思维、智慧、谋略，都要借助门户来表露，所以要通过捭阖之术来把握和控制。

春生、夏长、秋收、冬藏，天之正也。

——出自《鬼谷子·持枢》

> **释义**

春天萌生，夏天滋长，秋天收获，冬天储藏，是天地间正确的规律。

智用于众人之所不能知，而能用于众人之所不能见。

——出自《鬼谷子·谋篇》

> **释义**

智慧要用在常人不知道的地方，而能力要用在常人做不到的地方。

读书知典

鬼谷子下山

鬼谷子有两个优秀的弟子，一个是孙膑，另一个是庞涓。二人之中，鬼谷子更加偏爱孙膑，因为他善良质朴。他将自己毕生所学都传授给了孙膑。孙膑学艺六年后下山去了齐国，成为齐国的谋士。后来，在齐国与燕国的战争中，孙膑被燕国俘虏。因为孙膑对于齐国来说是非常重要的谋士，齐国为救孙膑，就到鬼谷子隐居的山中找他，希望他能够下山营救自己的弟子。鬼谷子在得知孙膑被捕的消息后，毕生不愿入世的他没有犹豫就答应了齐国的请求。鬼谷子下山后，成功救出了弟子孙膑。这一情景被后来元代艺术家在青花罐上表现出来，流传至今。

国学精粹

故知之始己，自知而后知人也。其相知也，若比目之鱼。其伺言也，若声之与响；其见形也，若光之与影也。其察言也，不失若磁石之取针，舌之取燔骨。其与人也微，其见情也疾。如阴与阳，如阳与阴；如圆与方，如方与圆。

——出自《鬼谷子·反应》

释义

了解别人先从了解自己开始，了解自己再去了解别人。人与人相知相通，就像比目鱼两两相随；我们掌握别人的言辞，就像声音与回响那样应声而得；掌握对方的情形，就像光和影子的关系，光一亮影子就会出现。用这种方法去探查别人的言辞，就像用磁石吸细针，如同用舌头剥取烧过的骨头上的肉一般，可以轻易地一探即得。自己暴露在对方面前的微乎其微，但发现对方的实情却十分迅速。如阴变阳、阳转阴，圆变方、方转圆之间一样，转换自如。

物有自然，事有合离。有近而不可见，有远而可知。近而不可见者，不察其辞也；远而可知者，反往以验来也。

——出自《鬼谷子·抵巇》

释义

世间万物都遵循自然的规律，世间万事都遵循聚散离合的法则。尽管有时近在咫尺却互不认识，虽然远在天边却能明察秋毫。离得近却不能觉察，是没有考察对方言辞；离得远却能明察秋毫，是因为能够反观往昔以比证未来。

说者，说之也；说之者，资之也。饰言者，假之也；假之者，益损也。应对者，利辞也；利辞者，轻论也。成义者，明之也；明之者，符验也。

——出自《鬼谷子·权篇》

释义

游说，就是说服别人；说服人，就是有助于对方。修饰言辞，是为了借助言语打动对方；借助言语打动对方，就要再三斟酌用词。应答对方的话，要口齿伶俐。要口齿伶俐，就要少发流于形式的议论之言。要使对方接受某个观点，就要使对方明白所言非虚，这就需要列举事实加以佐证。

人之情，出言则欲听，举事则欲成。

——出自《鬼谷子·权篇》

释义

人之常情就是，说话就希望有人接受，做事就希望获得成功。

有利焉，去其利则不受也，奇之所托。若有利于善者，隐托于恶，则不受矣，致疏远。

——出自《鬼谷子·决篇》

释义

谋事如果对对方有利，失去利益对方就不会被接受，这就需要依托于计谋。如果决断总体上有利于对方，但暗地里对其有所损害，对方也不会接受，反而会使双方的关系疏远。

读书知典

鬼谷四友

鬼谷子有多少个徒弟，没有人能说得清楚。其中在历史中留下姓名的有张仪、苏秦、孙膑、庞涓、毛遂、徐福等。其中张仪、苏秦、孙膑、庞涓被后人称为"鬼谷四友"。众弟子各有所长，孙膑、庞涓主修兵法，兼通武术、奇门八卦，出道最早。张仪、苏秦主修纵横术。毛遂、徐福是鬼谷子先生晚期的徒弟。毛遂就是成语"毛遂自荐"里的毛遂。徐福是鬼谷子先生的关门弟子，修习辟谷、气功、修仙，兼通武术。

韩非子

韩非是战国末期韩国新郑（今属河南）人。他是法学派集大成者，著有《孤愤》《五蠹》《内储说》《外储说》《说林》《说难》等文章，后人收集整理编纂成《韩非子》一书。该书在先秦诸子中具有独特的风格，思想犀利，文字峭刻，逻辑严密，具有很高的文学价值。

国学精粹

善张网者引其纲。

——出自《韩非子·外储说右下》

释义

善于撒网捕鱼的人知道只要拉着网的主绳撒网就可以了。比喻做事应当抓住事情最关键的部分。

不劲直，不能矫奸。

——出自《韩非子·孤愤》

释义

自己不正直的话，就不能去纠正别人的奸邪行为。

长袖善舞，多钱善贾。

——出自《韩非子·五蠹》

释义

袖子长就好跳舞，钱多了就好经商。比喻凭借优越条件，事情容易成功。

计功而行赏，程能而授事。

——出自《韩非子·八说》

释义

计算功劳的大小来行赏，衡量才干的高低来授职。

见微以知萌，见端以知末。

——出自《韩非子·说林上》

释义

察觉到了事物隐微的征兆，就推知了它会萌生；看到事物的开端就知道它的结果。

以人言善我，必以人言罪我。

——出自《韩非子·说林上》

释义

因为他人的话才对我友好，也一定会因为他人的话来怪罪我。

读书知典

见微知著

商朝纣王刚刚即位时励精图治，锐意改革，可到了统治后期，却开始贪图享乐。他的大臣箕子发现纣王的变化，便去向宫中的侍从打探消息。他问一位侍从："现在，大王吃饭时还用竹筷子吗？"侍从说："大王不再用竹筷子，改用象牙筷子了。"箕子说："既已用了象牙筷子，那还会用陶碗吗？要配玉碗吧。用了象牙筷子和玉碗，那还能吃普通的饭菜吗？必然要吃山珍海味呀。吃了山珍海味还会住普通房屋吗？必然要盖楼阁啊。"侍从回道："你说得正是，大王正准备盖楼阁呢。"箕子说："以小见大，见微知著，由此可知，商朝怕是不会长久了。"

国学精粹

安危在是非，不在于强弱。

——出自《韩非子·安危》

释义

安全还是危险，取决于你的作为是正义还是非正义，不决定于你是强大还是弱小。

不怀爱而听，不留说而计。

——出自《韩非子·八经》

释义

不能怀着偏爱去听取意见，不能凭自己的兴趣去计划事情。

不听其言也，则无术者不知；不任其身也，则不肖者不知。

——出自《韩非子·六反》

释义

不亲耳听听他的言论，就不知道他是否有谋略；不让他干点事情，就分辨不出他的好坏。

独视者谓明，独听者谓聪。

——出自《韩非子·外储说右上》

释义

观察事物并能独立判断是非的，叫做眼光明亮；听取意见能够独立判断对和错的，叫做耳朵灵敏。

凡说之难，在知所说之心，可以吾说当之。

——出自《韩非子·说难》

释义

说服的难度在于揣测说服对象的心理，怎样用自己的言论针对这种心理去说服他。

观听不参，则诚不闻。

——出自《韩非子·内储说上》

释义

偏听偏信一人的意见，不和他人商量，就听不到真诚的意见了。

一手独拍，虽疾无声。

——出自《韩非子·功名》

释义

只用一只手拍，虽然迅猛但是发不出声音。与"孤掌难鸣"意思相近。比喻一个人或单方面的力量办不成事。

刑过不避大臣，赏善不遗匹夫。

——出自《韩非子·有度》

释义

惩罚有罪过的人，就算是身居高位的大臣也不要放过；奖赏有功劳的人，就算是平民百姓也不能遗漏。

读书知典

画鬼最易

战国时期，有一位画相师去给齐王画相，齐王问他："这世上什么东西最难画？"画师回答："画狗画马最难。"齐王又问："那什么东西最易画？"画师回答："画妖魔鬼怪最容易。"齐王惊问："这是什么原因呢？"画师说："因为狗啊马啊日常生活中大家最常见的动物，我们都非常熟悉，只要有一点点画得不好，人们都能看出来。而妖魔鬼怪这些东西，谁也没有见过具体的形象，画师可以想怎么画就怎么画，所以画起来最容易。"

《韩非子》中的这则寓言告诉我们，凡是有具体评价标准的，就不容易蒙混过关，一旦失去了尺度标准，就越容易被弄虚作假。而这种事做起来最省力气，必然有很多人乐于此道。说明制定法度的重要性。

国学精粹

母欺子，子而不信其母。

——出自《韩非子·外储说左上》

释义

做母亲的欺骗了孩子，孩子就不会再相信他的母亲了。

心无结怨，口无烦言。

——出自《韩非子·大体》

释义

心里不结下怨仇，嘴上就不会说出愤懑的话。

不知而言，不智；知而不言，不忠。

——出自《韩非子·初见秦》

释义

自己不了解就信口开河，这是不明智的；自己了解却故意不讲，这是不忠诚的。

和氏之璧，不饰以五采。

——出自《韩非子·解老》

释义

和氏璧本身就有着自然之美，不需要各种颜色来加以装饰。比喻文章也应保持清新自然之美。

志之难也，不在胜人，在自胜。

——出自《韩非子·喻老》

释义

立志的难处，不在于战胜别人，而在于战胜自己。

顾小利，则大利之残也。

——出自《韩非子·十过》

释义

只顾眼前的小利，势必会损害到大的利益。说明做事要格局放大。

读书知典

嗜鱼拒馈

春秋时期，鲁国丞相公孙仪非常爱吃鱼。想攀附他的人争相买到最鲜美的鱼来送给他，但都被他拒绝了。

公孙仪的弟子不解地问："老师您明明很爱吃鱼，为什么不接受呢？"

公孙仪说："正因为我爱吃鱼，才不能接受。假如收了别人的鱼，我就得去迁就别人。迁就别人就必定要枉法，枉法就要被罢免相位。到那时想吃鱼却无人相赠，连自己想买来吃都难了。只要不吃别人的鱼，就不会被免职，想吃鱼时，我的俸禄也足够买鲜美的鱼来吃了。"

正所谓"顾小利，则大利之残也"，如果贪图小利而放松警惕，那么很难成就理想中的大事业。

商君书

《商君书》，又名《商子》，是战国时期法家学派的代表作之一，书中着重论述了商鞅在秦国实施变法的理论和具体措施。《汉书·艺文志》中收录了29篇，现存24篇。《商君书》中也保留了商鞅遗著，记录了商鞅的言行，大概是战国末年商鞅学派的后人编成的。

国学精粹

当时而立法，因事而制礼。

——出自《商君书·更法》

释义

顺应时势的发展而制定法令，针对社会的具体事务制定礼仪。

出一令可以止横议，杀一犯可以儆百众。

——出自《商君书·赏刑》

释义

发出一个号令可以制止肆意的言论，严惩一个罪犯可以警诫一百人不敢轻易犯罪。

赏厚而信，刑重而必。

——出自《商君书·修权》

释义

奖赏丰厚但必须有信用，刑法规定严厉但一定要实行。

事不中法者，不为也。

——出自《商君书·君臣》

释义

事情不合乎法度，就不要去做。

不以私害法，则治。

——出自《商君书·修权》

释义

不因为私人的利益而损害法律，国家就能治理好。

胜而不骄，败而不怨。

——出自《商君书·战法》

释义

胜利了不能骄傲，失败了也不埋怨。成语"胜不骄，败不馁"由此而来。

读书知典

徙木立信

秦孝公继位时，秦国正饱受连年征战之苦，百姓流离失所、食不果腹、衣不蔽体，秦国已经到了生死存亡之际。秦孝公痛定思痛，任用了自魏国入秦的卫鞅进行变法图强。卫鞅的新法已制定完成，但迟迟没有颁布施行。

卫鞅是怕秦国的百姓不会信赖自己，也怕法令得不到贯彻落实，便在当时秦国都城栎阳的南门口树立了一根三丈长的木杆，然后召集百姓，在木杆旁当众宣布："谁能将木杆移至北门，就赏十金。"百姓不知此举到底是什么意思，都不敢贸然去移木杆。卫鞅又将赏金升级："现在谁能将木杆移至北门，赏五十金。"这时，人群中走出一个人，他躬身将立木扛在肩上便往北门而去，到了北门后，卫鞅当众赏赐了五十金给那个人。

百姓终于相信卫鞅是说话算话的。这时，卫鞅颁布了他的新法，百姓也相信新法的赏罚制度一定会被执行。从此卫鞅的新法得以在秦国施行，并取得了很大的成果。

吕氏春秋

《吕氏春秋》，亦称《吕览》，是在秦相吕不韦的主持下，集合门客们共同编撰的一部杂家名著。分纪、览、论三部分，共26卷，160篇，其书"基本上以儒家为宗，取各家之长而弃其短，所以能成一家之言"。

国学精粹

种麦得麦，种稷得稷。

——出自《吕氏春秋·用民》

释义

种麦子，收获的就是麦子；种谷子，收获的就是谷子。同"种瓜得瓜，种豆得豆"。

察己则可以知人，察今则可以知古。

——出自《吕氏春秋·察今》

释义

明察自己就可以知道别人，明察现在就可以知道过去。

万民之主，不阿一人。

——出自《吕氏春秋·贵公》

释义

万民的君主不应该偏袒庇护某一个人。比喻要公平对待每一个人。

善学者，假人之长以补其短。

——出自《吕氏春秋·用众》

释义

善于学习的人，能够吸取他人的长处来弥补自己的短处。

得十良马，不若得一伯乐；得十良剑，不若得一欧冶。

——出自《吕氏春秋·赞能》

释义

得到十匹好马，不如得到一个懂得相马的伯乐；得到十把好剑，不如得到一位懂得铸剑的欧冶子。

疾万变，药亦万变。

——出自《吕氏春秋·察今》

释义

疾病千变万化，治病的药物也要千变万化。指一切事物都应灵活应变。

读书知典

一字千金

商人吕不韦扶助秦庄襄王继位后，被封为文信侯，官居相国。身居高位的吕不韦一直很在意自己曾经是商人的身份，他也想著书立说，像先辈圣贤一样留名青史。

当时养士之风盛行，有名的战国四公子都养了门客数千人，吕不韦也养了三千门客，作为他的智囊，帮助他编撰巨著。这些门客来自三教九流，他们对各自的擅长的学说和立场进行整理，编写成文章，把这些作品汇聚在一起，就成了一部十余万言的巨作，题名为《吕氏春秋》。吕不韦对这部巨作很有信心，他把书的内容写在布匹上，展示在咸阳城门处，上面悬挂着一千金的赏金，若有人能对此书增删一字，就给予一千金的奖励，但却没有一个人做到。

后人根据这个故事引申出"一字千金"的成语，用来形容文章出色，字字珠玑。

国学精粹

尺之木必有节目，寸之玉必有瑕适。

——出自《吕氏春秋·举难》

释义

一尺长的木材，一定有节疤；一寸见方的玉石一定有瑕疵。比喻事物很难尽美尽善，任用人才不能求全责备。

令苛则不听，禁多则不行。

——出自《吕氏春秋·适威》

释义

法令过于严苛，人们反而不听从；禁令过于繁多，反而不能执行。

天下，非一人之天下也，天下之天下也。

——出自《吕氏春秋·贵公》

释义

天下不是某一个人的天下，而是天下所有人的天下。

大匠不斫，大庖不豆，大勇不斗，大兵不寇。

——出自《吕氏春秋·贵公》

释义

高明的工匠并不亲自刀劈斧砍，高明的厨师也不亲自干剥弄豆子的事，勇士不会随便打架斗殴，正义的军队更不会像贼寇一样扰害百姓。

流水不腐，户枢不蠹。

——出自《吕氏春秋·尽数》

释义

常流的水不会变得腐臭，经常转动的门轴不会被虫蛀。比喻经常运动，生命力才能旺盛、持久。

不丑不能，不恶不知，尚矣。

——出自《吕氏春秋·用众》

释义

不鄙视无能的人，不厌恶无知的人，就是对的。

君虽尊，以白为黑，臣不能听；父虽亲，以黑为白，子不能从。

——出自《吕氏春秋·应同》

释义

君王虽然尊贵，但若他将白的说成黑的，我也不能听从他；父亲虽然是至亲，但若将黑的说成白的，我也不能顺从他。说明即使权位尊大，如果曲直不分，也不能苟同。

读书知典

门 客

门客在古代是一种职业，兴起于春秋时期。当时的贵族为了巩固自己的地位，都会专门招纳人才，凡是投奔到其门下的，他们都收留下来，并供养他们，这些被收留并供养的人就称"门客"。门客中有的具有真才实学，能够在关键时刻替主人出谋划策，办事效力。但也有一些徒有虚名骗吃骗喝之辈。门客与家仆不同，他们不需要干杂役，也没有固定工作，但照样吃喝领工资，只等主人需要的时候，安排工作。春秋时盛行养客之风，春秋四君子春申君、平原君、信陵君、孟尝君都有数千门客。

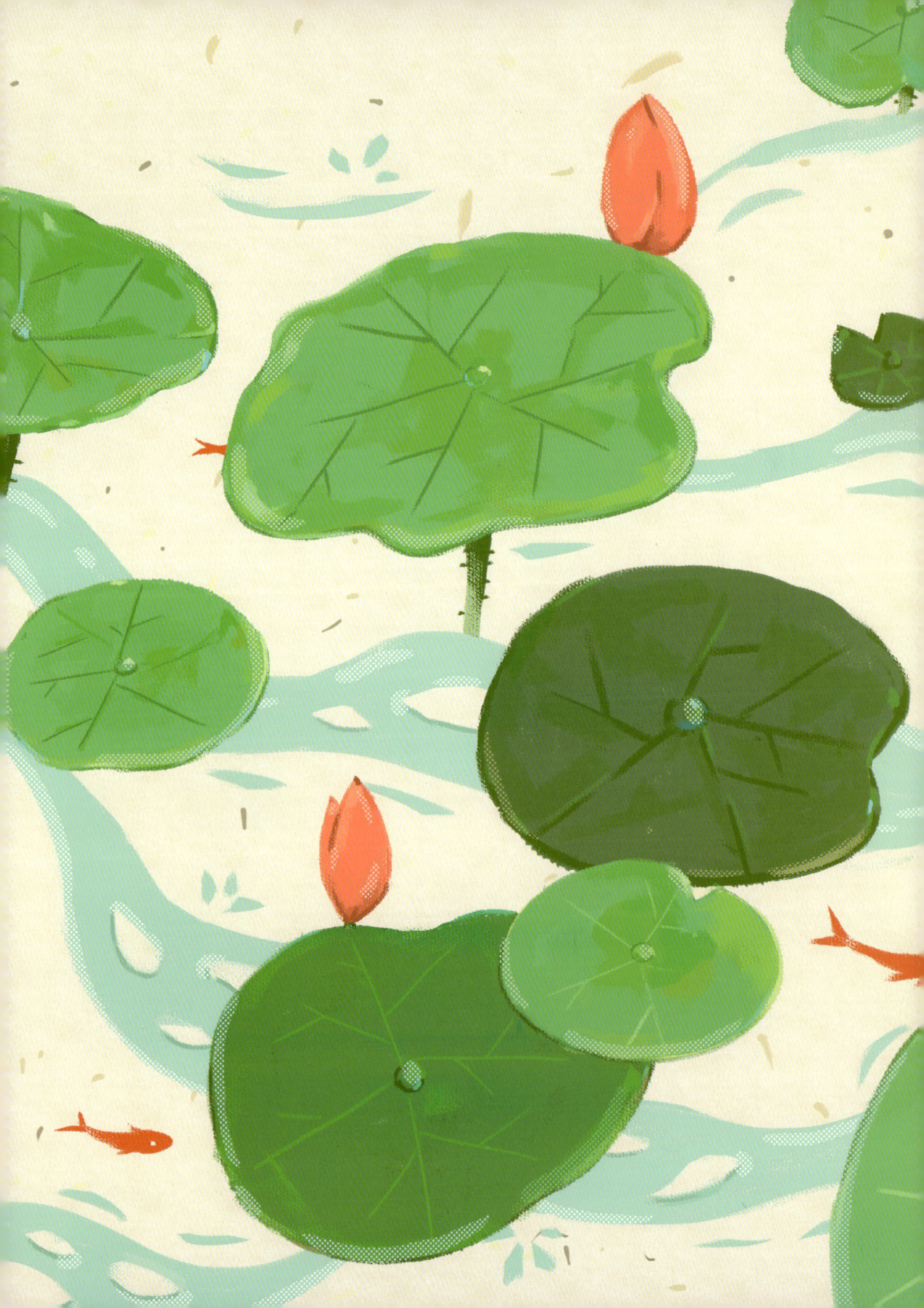

集篇

楚辞

《楚辞》是我国文学史上第一部浪漫主义诗歌总集,相传是屈原创作的一种新的诗歌体裁。全书以屈原作品为主,"书楚语,作楚声,纪楚地,名楚物",具有浓厚的楚国地方色彩,故名《楚辞》。

国学精粹

路漫漫其修远兮,吾将上下而求索。

——出自《离骚》

释义

我的前路幽深而漫长,我将不畏艰苦努力寻找我心中的太阳。

何方圜之能周兮,夫孰异道而相安?

——出自《离骚》

释义

方和圆怎么能够合在一起,志趣不同的人怎么能够相依呢?

恐鹈鴂之先鸣兮,使夫百草为之不芳。

——出自《离骚》

释义

怕的是杜鹃鸟提前鸣叫,催促着春天过去,百花凋谢。比喻青春可贵,人应格外珍惜。

与天地兮同寿,与日月兮同光。

——出自《涉江》

释义

与天地的寿命一样长,与日月的光芒一样强。形容人的伟大,万古留名,受人敬仰。

举世皆浊我独清,众人皆醉我独醒。

——出自《渔父》

释义

世人都浑浑浊浊,只有我清清白白;众人都喝得烂醉如泥,只有我头脑清醒。比喻不同流合污。

尺有所短,寸有所长;物有所不足,智有所不明。

——出自《卜居》

释义

尺虽比寸长,但和更长的东西相比,就显得短;寸虽比尺短,但和更短的东西相比,就显得长。事物总有它的不足之处,智者也总有不明智的地方。

读书知典

屈原之死

屈原是战国末年楚怀王时期的三闾大夫,兼管内政外交等大事,当时的六国联盟也是由屈原大力促成的。他是楚国贵族,受过良好的教育,有着远大的志向,他立志要在腐朽的楚国变法图强,便将希望寄托在愚蠢昏聩的楚怀王身上,但却受到奸臣和小人的重重排挤,在楚怀王被骗到秦国囚禁至死后,绝望心死,在汨罗江抱石投江自尽。

淮南子

《淮南子》，又名《淮南鸿烈》《刘安子》，相传是西汉淮南王刘安主持撰写，故而得名《淮南子》。《汉书·艺文志》将其列为杂家，原书有内篇21卷、中篇8卷、外篇33卷，今只流传内篇21卷。全书博奥深宏，融道家、阴阳家、墨家、法家、儒家思想于一体，但主要是发挥先秦道家思想，是汉代学者对汉代以前古代文化一次最大规模的汇集与融合。

国学精粹

不涸泽而渔，不焚林而猎。

——出自《淮南子·主术训》

释义

不能把河里的水都抽干来捕鱼，不能把树林烧毁来猎兽。比喻做事要从长远来考虑，不能只顾眼前的利益。

稻生于水，而不能生于湍濑之流；芝生于山，而不能生于盘石之上。

——出自《淮南子·说山训》

释义

水稻是生长在浅水里的谷物，但是它不能生长在水流湍急的浅滩；灵芝是生长在高山上的瑞草，但是它不能生长在巨石嶙峋的秃岭。比喻任何事物生存发展都需要其特殊的生存环境。

齿坚于舌而先之敝。

——出自《淮南子·原道训》

释义

牙齿比舌头坚硬，但却比舌头先毁坏。

非澹薄无以明德，非宁静无以致远。

——出自《淮南子·主术训》

释义

不恬淡寡欲，就不能修行到高尚的品德；不排除杂念，就不能实现远大的目标。

读书知典

中国豆腐创始人

淮南王刘安在汉代诸王中有很大的名气。他好读书，好弹琴，好与文士交往，还好美食。当时淮南一带盛产大豆，这里的山民自古就有用山上的泉水磨出豆浆作为汤饮的习惯。刘安来到这里后入乡随俗，每天早晨也总爱喝上一碗豆浆。一天，刘安端着一碗豆浆，在炉旁看炼丹出了神，不知不觉手中的豆浆碗一歪，豆浆泼到了炉旁供炼丹的一小块石膏上。不多时，那块石膏不见了，液体的豆浆却变成了一摊又白又嫩的东西。炼丹的人大胆地尝了尝，竟然很是美味可口，可惜太少了。刘安索性让人把他没喝完的豆浆连锅一起端来，把石膏碾碎搅拌到豆浆里，一会儿，又结出了一锅又白又嫩的东西。刘安连呼"离奇、离奇"。淮南八公山豆腐初名"黎祁"，正是因为这"离奇"的谐音。

国学精粹

鸡知将旦,鹤知夜半,而不免于鼎俎。

——出自《淮南子·说山训》

释义

鸡知道在天将明的时候准时报晓,鹤知道在夜半的时候尖叫,它们可谓先知,但还是免不了被人宰杀吃掉的命运。

见虎一文,不知其武;见骥一毛,不知善走。

——出自《淮南子·说林训》

释义

只看到老虎的一条纹理,不可能知道老虎的威武;只见到骏马的一根毛发,不可能了解它善于奔跑。

百言百当,不如择趋而审行也。

——出自《淮南子·人间训》

释义

一百句话都说得正确,也不如选择一句可行的并且审慎地去实践。说明空谈不如实践。

璧瑗成器,磋诸之功;镆邪断割,砥砺之力。

——出自《淮南子·说林训》

释义

璧瑗之所以能成为宝玉,是由于琢

磨；莫邪之所以成为最锋利的宝剑，是由于磨砺。比喻人要想成才，就要磨练自己。

不能耕而欲黍粱，不能织而喜采裳，无事而求其功，难矣。

——出自《淮南子·说林训》

释义

不会耕种却想要收获粮食，不会织布却喜爱穿华丽的衣裳，不做事却想要功劳，这是不可能的。

多闻博辩，守之以陋。

——出自《淮南子·道应训》

释义

虽然学问渊博，富有见识，但要表现出浅陋无知的样子。是与"大智若愚""抱朴守拙"一样的处世之道。

得万人之兵，不如闻一言之当。

——出自《淮南子·说山训》

释义

得到一万兵马，不如听到一句良言妙策。

读书知典

八骏图

传说周穆王驾车用的八匹骏马，能日行万里。八匹马的名字说法不一，晋代王嘉在《拾遗记》中记载八骏名为绝地、翻羽、奔霄、越影、逾晖、超光、腾雾、挟翼；现在广为流传的说法来自《穆天子传》，八骏的名字分别为赤骥、盗骊、白义、逾轮、山子、渠黄、华骝、绿耳。均是以马匹的毛色命名的，"赤骥"颜色为火红色、"盗骊"颜色为纯黑色、"白义"颜色为纯白色、"逾轮"颜色为青紫色、"山子"颜色为灰白色、"渠黄"颜色为鹅黄色、"华骝"颜色为黑鬃黑尾、"绿耳"颜色为青黄色。著名国画作品《八骏图》就是以周穆王的八匹骏马为题材创作而成的。

国学精粹

失之不忧，得之不喜。

——出自《淮南子·诠言训》

释义

失去了不必忧愁，得到了也不必欢喜。说明人应心胸豁达，不要患得患失。

两心不可以得一人，一心可以得百人。

——出自《淮南子·缪称训》

释义

待人不真诚，就会连一个朋友也得不到；待人真诚，就会得到很多朋友。

善游者溺，善骑者堕。

——《淮南子·原道训》

释义

善于游泳的人容易被水淹死，善于骑马的人往往会从马上掉下来。

走不以手，缚手走，不能疾；飞不以尾，屈尾飞，不能远。

——出自《淮南子·说山训》

释义

跑不用手，但如果把手绑起来，就跑不快了；飞翔虽然不用尾巴，但如果将尾巴缩起来，就飞不远了。

良匠不能斫金，巧冶不能铄木。

——出自《淮南子·泰族训》

> **释义**
>
> 再优秀的木匠也不能将金属劈开，再灵巧的铁匠也无法将木头熔化。说明做事不能违背其自然规律。

知人无务，不若愚而好学。

——出自《淮南子·修务训》

> **释义**
>
> 聪明的人却无所作为，还不如愚笨而勤奋好学的人。

心哀而歌不乐，心乐而哭不哀。

——出自《淮南子·缪称训》

> **释义**
>
> 心里哀伤时，即使唱歌也不会欢乐；心里快乐时，就算是哭泣也不会悲哀。

人无善志，虽勇必伤。

——出自《淮南子·主述训》

> **释义**
>
> 一个人如果没有好的志向，即使勇敢，也必定会受到伤害。

读书知典

女娲补天

《淮南子·览冥训》中记载，远古时代，四根撑天的大柱子断了，九州大地被撕碎，天不能覆盖地，大地也没有办法再承载万物。大火蔓延不息，洪水泛滥不止，凶恶的野兽吃掉善良的百姓，残忍的禽鸟抓走老人和小孩。女娲不忍万民陷于水火与绝望之中，便炼五色石修补苍天，斩断巨鳌的脚重做天柱，杀死黑龙拯救冀州（九州之首），用芦草灰堵塞洪水。于是天地重归平静，万民重享安宁。

韩诗外传

《韩诗外传》是汉代学者韩婴所著,是一部由360条轶事、道德说教、伦理规范以及实际忠告等不同内容的杂编,一般每条都以一句恰当的《诗经》引文作结论,以支持政事或论辩中的观点。它既不是《诗经》的注释,也不是阐发,而是实际运用《诗经》的示范性著作。

国学精粹

树欲静而风不止,子欲养而亲不待。

——出自《韩诗外传》

释义

树想要静止,但风却不停地吹得它摇动;子女想赡养父母时,父母却已经亡故。比喻事物的发展不以人的意志为转移。

蓝有青,而丝假之,青于蓝;地有黄,而丝假之,黄于地。

——出自《韩诗外传》

释义

蓼蓝含有青色的色素,丝用青色染料来浆染,青的颜色胜过了蓼蓝;黄土含有黄色的色素,丝用黄色染料来浆染,黄的颜色超过黄土。

目者,心之符也;言者,行之指也。

——出自《韩诗外传》

释义

眼睛是心灵的窗户,言语是行为的意向。

两瞽相扶，不伤墙木，不陷井阱，则其幸也。

——出自《韩诗外传》

释义

两个失明的人互相扶持，不被墙壁、树木碰伤，不掉进陷阱里面去，就算是幸运了。比喻彼此都得不到帮助。

禄过其功者削，名过其实者损。

——出自《韩诗外传》

释义

得到的薪俸超过自己的功劳，薪俸就要削减；得到的名誉超过了自己实际才能的人，名誉就会被降低。喻指言过其实、德不配位反会给自己带来损害。

居处齐则色姝，食饮齐则气珍。

——出自《韩诗外传》

释义

日常生活有规律，气色就会好；日常饮食有规律，精神就会好。

读书知典

四家诗

《诗经》是我国第一部诗歌总集，也是诗歌的鼻祖。汉代传授《诗经》的有"鲁诗""齐诗""韩诗""毛诗"，合称"四家诗"。前三家也称"三家诗"，属"今文诗"，西汉时立于学官，分别亡于西晋、三国、宋时。"毛诗"属"古文诗"，东汉时立于学官，盛行于世，今本《诗经》就是毛诗。其中，"鲁诗"因鲁人申培而得名，"齐诗"出于齐人辕固，"韩诗"出于燕人韩婴，"毛诗"由其传授者毛公而得名。四家诗在诗义说明、文字解说方面，都有不同。

说 苑

《说苑》又名《新苑》，是汉代刘向编纂的小说集，叙事意蕴讽喻，故事性颇强，以对话体为主。主旨是通过书中历史人物的言论、事例来劝诫君臣，阐述儒家选贤尊贤的治国理念。

国学精粹

能言者，未必能行；能行者，未必能言。

——出自《说苑·权谋》

释义

能说的人未必能做事；能做事的人未必能说。

人皆知以食愈饥，莫知以学愈愚。

——出自《说苑·建本》

释义

人们都知道用食物能消除饥饿，却不知道用学习来驱除愚昧。

草木秋死，松柏独在。

——出自《说苑·谈丛》

释义

一般的草木到秋天都枯萎凋零了，只有松柏仍旧生机盎然，郁郁葱葱。比喻在艰难困苦的考验中，才能显出英雄本色。

怒则思理，危不忘义。

——出自《说苑·立节》

释义

愤怒的时候要保持理智,危难关头不要忘掉道义。

君子之言寡而实;小人之言多而虚。

——出自《说苑·谈丛》

释义

君子的话,少却实在;小人的话,多且虚妄。

一言而非,驷马不能追。

——出自《说苑·谈丛》

释义

一句话说错了,就算是由四匹马拉的车去追也追不回来。

读书知典

著述为谏

《说苑》的序言《说苑序奏》说道:"凡二十篇,七百八十四章,号曰《新苑》,皆可观。臣向昧死。"这一句虽是古代大臣著书时为表达对帝王的忠心和忠诚而经常使用的客套话,但就此话的精神实质而言,表达了刘向编著此书的心诚,即"冒死进谏"。刘向一生编著颇丰,以著述当"谏书"的心态刘向早已有之,到《说苑》时达到极致。中国古代有识之士的一个最大特点是他们都追求治国平天下的政治理想,有着强烈的责任感和使命感。而刘向作为汉室宗亲目睹汉室的衰微,有着更加强烈的挽救汉室危亡的愿望,并希望自己能有所作为,他编纂的历史典籍,无不渗透着他的政治志向。

抱朴子

《抱朴子》是由晋代葛洪编著的一部道家典籍，分内、外篇。内篇20篇，论述神仙、炼丹、符箓等事，外篇50篇，论述时政得失，人事臧否。全书将神仙道教理论与儒家纲常名教相联系，开融合儒、道两家哲学思想体系之先河。

国学精粹

有始者必有卒，有存者必有亡。

——出自《抱朴子·论仙》

释义

有开始就一定有结束，有生存就一定有死亡。比喻死生终始相互依存，缺一不可。

白石似玉，奸佞似贤。

——出自《抱朴子·祛惑》

释义

白色的石头看上去很像美玉，邪恶之徒看上去都很像贤人。说明只观察表象，真假难辨，容易被迷惑。

坚志者，功名之主也；不惰者，众善之师也。

——出自《抱朴子·广譬》

释义

意志坚定是建立功绩和名声的根本；不懒惰，是一切好品行的老师。指志坚和勤奋，是做事做人的基本原则。

沧海混漾，不以含垢累其无涯之广。

——出自《抱朴子·博喻》

释义

茫茫无际的大海，并不因为里面含有脏东西而影响它的广大。比喻对人不要求全责备。

寸火能焚云梦，蚁穴能决大堤。

——出自《抱朴子·备阙》

释义

一寸大的小火苗就能把云梦那么广大的地方烧毁；一个小蚁洞，就可以使大堤崩塌。比喻小隐患可发展成大灾祸，所以要防微杜渐。

读书知典

抱 朴

抱朴，出自《老子》"见素抱朴，少私寡欲"一句，是道家的一个术语。"朴"指的是平真自然不加以任何修饰的原始。"抱朴"即道家思想中追求保守本真，怀抱纯朴，不萦于物欲，不受自然和社会因素干扰的思想。葛洪自称"抱朴子"，并以《抱朴子》命名其书，他自称："洪之为人也，而骏野，性钝口讷，形貌丑陋，而终不辩自矜饰也。冠履垢弊，衣或褴褛，而或不耻焉。俗之服用，俾而屡改。或忽广领而大带，或促身而修袖，或长裾曳地，或短不蔽脚。洪期於守常，不随世变，言则率实，杜绝嘲戏，不得其人，终日默然。故邦人咸称之为抱朴之士，是以洪著书，因以自号焉。"

省心录

《省心录》是北宋诗人、文学家林逋的代表作。林逋，字君复，北宋初年著名的隐逸诗人，终生不仕不娶，自称"以梅为妻，以鹤为子"，人称"梅妻鹤子"。《省心录》书名中，"省心"是对全书宗旨很好的诠释，也是作者人生观和价值观的外在体现。该书是历代文人雅士必读的"省心"读物。

国学精粹

强辩者饰非，谦恭者无争。

——出自《省心录》

释义

能言善辩的人喜欢掩盖自己的过失，谦虚恭谨的人从不与人争辩（相信是非曲直自有公断）。

父善教子者，教于孩提。

——出自《省心录》

释义

善于教育子女的父亲，总是在孩子还是婴儿时就着手做起。

盖棺始能定士之贤愚，临事始能见人之操守。

——出自《省心录》

释义

一个人是好是坏，只有到生命结束时才能作出结论；一个人是否有操守，只有在患难到来时才能看出来。

寡言择交，可以无悔吝，可以免忧辱。

——出自《省心录》

释义

能做到少说话，交友有选择，就可以没有悔恨，也可以避免忧愁和屈辱。

骄富贵者戚戚，安贫贱者休休。

——出自《省心录》

释义

以钱财和地位为骄傲的人，总是忧心忡忡；安于清贫的人，总是悠闲自得。

器满则溢，人满则丧。

——出自《省心录》

释义

器皿里的水满了就会向外流，人自满了就要衰亡。

读书知典

梅妻鹤子

宋代诗人林逋学识渊博闻名于世，但他不慕名利，不愿为官，游历天下，最后在西湖旁的小孤山盖了几间茅屋隐居起来。林逋一生有三个爱好：诗、梅花和鹤。他觉得梅花高雅，傲霜斗雪，和自己的性格很像，便在房前屋后遍植梅树。每逢冬日蜡梅盛开，花香沁脾，令他十分陶醉。林逋家里还养了几只白鹤，他常常把鹤放出去任它们在天空盘旋，自己坐在屋前仰头欣赏，白鹤飞累了就会飞回他的身边。久而久之，白鹤与林逋结下了深厚情谊。传说每当林逋出游，就交代家中童子若有客来，就将白鹤放出叫他回家。林逋一生未娶，以梅为妻、以鹤为子，后人常以"梅妻鹤子"来表示隐居和清高。

国学精粹

遗货财于子孙，不若周人之急。

——出自《省心录》

释义

把钱财留给子孙，还不如周济那些穷困的人。

内睦者家道昌，外睦者人事济。

——出自《省心录》

释义

家庭内部和睦相处的，家道就会昌盛；与外面的人和睦相处的，事情就能办成。

欲齐家则正身，身端则家可理。

——出自《省心录》

释义

要想治理好家，就要先端正自身，自身端正了，家也就容易治理了。

结怨于人，谓之种祸；舍善不为，谓之自贼。

——出自《省心录》

释义

与别人结下仇怨，就是在给自己种下祸根；对别人有好处的事情故意不做，就是自己伤害自己。

人有过失，己必知之；己有过失，岂不自知。

——出自《省心录》

释义

别人有了过失,自己一定会知道;自己有了过失,自己怎么会不知道呢?

闻善言则拜,告有过则喜。

——出自《省心录》

释义

听到对自己有教益的话就要表示感谢;听到别人指出自己的过错就感到欣喜。

少不勤苦,老必艰辛。

——出自《省心录》

释义

年轻的时候不勤奋刻苦,到年老时必定艰难辛苦。

读书知典

山园小梅·其一

宋·林逋

众芳摇落独暄妍,占尽风情向小园。
疏影横斜水清浅,暗香浮动月黄昏。
霜禽欲下先偷眼,粉蝶如知合断魂。
幸有微吟可相狎,不须檀板共金樽。

菜根谭

《菜根谭》是明朝万历年间的隐士洪应明收集编著的儒家经典，是一部论述修养、人生、处世及出世的语录集。全书文辞秀美，兼采雅俗，言辞中流露出山林意趣，渗透着万物一体的世界观。

国学精粹

君子之心事，天青日白，不可使人不知；君子之才华，玉韫珠藏，不可使人易知。

——出自《菜根谭》

释义

君子的想法，要像青天白日那样明朗，没有什么不能让人知道的；君子的才华，则应该像玉石珍珠那样蕴藏于深山大海，不能轻易让别人知晓。

恩里由来生害，故快意时须早回头；败后或反成功，故拂心处切莫放手。

——出自《菜根谭》

释义

恩泽中往往隐藏着祸根，所以春风得意时要尽早回头；失败是成功之母，因此失意落寞时绝不可轻易放弃。

径路窄处，留一步与人行；滋味浓的，减三分让人嗜。此是涉世一极安乐法。

——出自《菜根谭》

释义

与人在狭窄的道路上相遇时，让出一步给别人行走；吃到可口美味的食物时，留出三分来给别人品尝。这是处世待人的极其安乐的做法。

交友须带三分侠气，做人要存一点素心。

——出自《菜根谭》

释义

交朋友，要有几分侠肝义胆的气概；做人处事，要保持一点天真无邪的赤子之心。

攻人之恶毋太严，要思其堪受；教人以善毋过高，当使其可从。

——出自《菜根谭》

释义

指责别人的过错时，不能过于苛刻，要考虑到他能否接受；教导别人行善，不能期望太高，应该让他容易达到。

苦心中常得悦心之趣，得意时便生失意之悲。

——出自《菜根谭》

释义

在困苦心境下奋斗时却常常可以感受到内心的喜悦；在春风得意时切勿骄纵轻狂，以免埋下痛苦悲伤的根苗。

读书知典

布衣暖，菜根香

宋代学者汪信民曾说："得常咬菜根，即做百事成。"所谓菜根者，即青菜的根，如萝卜、番薯、芋头等粗食，洪应明取此语为书命名，其寓意是在寡淡乏味的菜根中有着无限真味存在，喻此书是修身处世不可缺少的精神食粮。《明心宝鉴》中有云："心安茅屋稳，性定菜根香。"更是把"菜根香"对修身养性、培养品德的意义、作用阐释得透彻、通达。

国学精粹

图未就之功，不如保已成之业；悔既往之失，亦要防将来之非。

——出自《菜根谭》

释义

与其图谋尚未开创的功业，不如努力保全已经成就的事业；与其追悔过去的错误，还不如好好预防将来会出现的错误。

不责人小过，不发人阴私，不念人旧恶。三者可以养德，亦可以远害。

——出自《菜根谭》

释义

不责难别人微小的过错，不张扬他人的隐私秘密，不计较别人以前的仇怨。只要做到这三点，既可以培养品德，又能够避免受到伤害。

小处不渗漏，暗处不欺隐，末路不怠荒，才是真正英雄。

——出自《菜根谭》

> **释义**
>
> 在细小的地方不出现错漏，在无人知晓处不欺骗隐瞒，在处境艰难时不懈怠放弃，这样的人才能称得上是真正的英雄。

千金难结一时之欢，一饭竟致终身之感。盖爱重反为仇，薄极反成喜也。

——出自《菜根谭》

> **释义**
>
> 价值千金的馈赠有时难以打动对方换得一时的欢愉；有时只是接济他人一餐饭食，却能使他终生难忘。这就是说过分的关爱很容易变成仇恨，而一点小小的恩惠反而容易讨人欢心。

树木至归根日，而后知华萼枝叶之易空；人生到盖棺时，而后知子女玉帛之难守。

——出自《菜根谭》

> **释义**
>
> 树木在枯叶落尽时，才明白茂盛的枝叶和艳丽的花朵只不过是一时的荣华；人在将死入棺时，才明白子女和财宝无法带走、毫无用处。

读书知典

石室丹丘

"石室"原本是指古代藏图书档案的地方，也指古代宗庙中藏神主的石函，而世人臆想中的神仙隐士也多藏身在山中洞府之中；而丹丘，也是传说中神仙居住的地方。所以，在《菜根谭》中"坐有琴书，便成石室丹丘"一句，"石室丹丘"被用来借指神仙所在，引申为像神仙一样。

小窗幽记

《小窗幽记》是明代陈继儒创作的小品文集，全书分醒、情、峭、灵、素、景、韵、奇、绮、豪、法、倩12卷，共1500余条格言。内容涉及修身、养性、立言、立德、为学、致仕、立业、治家等方面。

国学精粹

澹泊之士，秾艳者所疑；检饰之人，必为放肆者所忌。

——出自《小窗幽记·集醒篇》

释义

恬静寡欲的人，必定会受到奢侈之人的怀疑；谨慎检点的人，必定会被行为放荡的人所嫉恨。

伏久者，飞必高；开先者，谢独早。

——出自《小窗幽记·集醒篇》

释义

伏藏已久的事物，一旦显露出来，必定能够飞黄腾达；过早开放的花朵，往往凋谢得越早。

兴来醉倒落花前，天地即为衾枕；机息忘怀磐石上，古今尽属蜉蝣。

——出自《小窗幽记·集灵篇》

释义

兴致来时，在落花之前醉倒，天和地就是我的床褥和枕头；机心放下，坐在石头上忘掉一切，古今纷争、人生烦恼都像蜉蝣的生命一样短暂。

寂而常惺，寂寂之境不扰；惺而常寂，惺惺之念不驰。

——出自《小窗幽记·集醒篇》

释义

在内心安静的状态时要保持清醒，但以不扰乱寂静的心境为主；在清醒状态时仍要保持宁静，以免心神奔驰时无法收住。

花繁柳密处，拨得开，才是手段；风狂雨急时，立得定，方见脚跟。

——出自《小窗幽记·集醒篇》

释义

在繁花似锦的美景和柳密如织的复杂情境中，还能不被其所困来去自如的人，才是有办法的聪明人；在遭受如狂风骤雨般的摧折和打击下还能意志坚定毫不动摇的，才算得上是意志坚定的人。

苦恼世上，意气须温；嗜欲场中，肝肠欲冷。

——出自《小窗幽记·集醒篇》

释义

在充满痛苦和烦恼的人世间，气性要温和；在充满嗜好和贪欲的名利场中，内心要保持淡漠。

读书知典

幕天席地

刘伶，字伯伦，西晋沛国人，竹林七贤之一。刘伶年少淡泊而沉默少言，不随便与他人交往，但和阮籍、嵇康关系不错，相遇而神解，携手共入山林。

泰始二年（266年），朝廷派特使征召刘伶再次入朝为官。而刘伶不愿做官，听说朝廷特使已到村口，赶紧把自己灌得酩酊大醉，然后脱光衣衫，朝村口裸奔而去。朝廷特使看到刘伶后深觉他就是一个酒疯子，于是作罢。后刘伶不再出仕，最终老死家中。

刘伶自称"天生刘伶，以酒为名"，留下关于酒的文学名篇——《酒德颂》。其中的名句："日月为扃牖，八荒为庭衢。行无辙迹，居无室庐。幕天席地，纵意所如。"流传千古。

国学精粹

一失脚为千古恨，再回头是百年人。

——出自《小窗幽记·集峭篇》

释义

一时不慎犯下错会留下终身遗憾，等到回过头来看时，已经时过境迁无法挽回了。

少言语以当贵，多著述以当富，载清名以当车，咀英华以当肉。

——出自《小窗幽记·集峭篇》

释义

以少说话当作好事，以多著书立说当作财富，把好名声当车，把品尝好文章当作吃肉。

舌存，常见齿亡，刚强终不胜柔弱；户朽，未闻枢蠹，偏执岂及乎圆融。

——出自《小窗幽记·集峭篇》

释义

牙齿都掉光了，舌头还依然在，可见刚强胜不过柔韧。门扇已经损坏了，门柱却仍然没有被虫蚀，可见偏执总是比不上融通。

喜传语者，不可与语；好议事者，不可图事。

——出自《小窗幽记·集醒篇》

释义

喜欢把听到的话到处传播的人，不要跟他说重要的事，喜欢议论是非的人，不要与他共事。

但看花开落，不言人是非。

——出自《小窗幽记·集素篇》

释义

静静地观赏世间的花开花落，不谈论别人的是是非非。

耳目宽则天地窄，争务短则日月长。

——出自《小窗幽记·集灵篇》

释义

见闻眼界宽广，便知天地不过如此狭窄，争名逐利的事务减少，会觉时间变得清闲而悠长。

读书知典

舌存齿亡

春秋时，著名思想家老子的老师常枞病重了。

老子前去看望他，问道："先生病得如此重，有什么遗教可以告诉弟子吗？"常枞说："就是你不问，我也要说了。"他对老子说："经过故乡要下车，你记住了吗？"老子回答："经过故乡下车，就是要我们不忘旧。"常枞说："对呀。"又说："看到乔木就迎上前去，你懂吗？"老子说："看到乔木迎上去，就是让我们要敬老。"常枞说："是这样的。"然后，他又张开嘴给老子看了看，问道："我的舌头还在吗？"老子说："当然还在。"常枞又问："我的牙齿还在吗？"老子说："早就没有了。"常枞又问老子："你知道原因是什么吗？"老子回答："那舌头所以存在，岂不是因为它是柔软的吗？牙齿的不存在，岂不是因为它是刚硬的吗？"常枞说："说得好啊！是这样的。世界上的事情都已包容尽了，我还有什么可以再告诉你的呢？"

围炉夜话

　　《围炉夜话》是晚清近代著名的文学品评家王永彬所著的通俗读物，全书以"安身立业"为总话题，分别从道德、修身、读书、安贫乐道、教子、忠孝和勤俭等十个方面，揭示"立德、立功、立言"皆以"立业"为本的深刻含义。

国学精粹

　　志不可不高，志不高，则同流合污，无足有为矣；心不可太大，心太大，则舍近图远，难期有成矣。

——出自《围炉夜话》

释义

　　一个人志向不能不高远，志向不高远，就会受不良环境影响，不会有什么大的作为；一个人的野心不可太大，如果野心太大，就会好高骛远，不切实际，容易舍近求远，难以取得什么成就。

　　误用聪明，何若一生守拙；滥交朋友，不如终日读书。

——出自《围炉夜话》

释义

　　把聪明用在错误的地方，还不如一辈子老老实实谨守朴拙；乱交朋友，荒废终日，还不如用这个时间闭门读书。

　　求个良心管我，留些余地处人。

——出自《围炉夜话》

释义

　　但愿自己有一颗良善的心，并严格

要求自己不违背它；多留一些退路给他人，让他人也有容身之地。

莫之大祸，起于须臾之不忍，不可不谨。

——出自《围炉夜话》

释义

再大的祸事，起因都是因为一时冲动不能忍耐，所以说，凡事不可不谨慎。

博学笃志，切问近思，此八字是收放心的工夫；神闲气静，智深勇沉，此八字是干大事的本领。

——出自《围炉夜话》

释义

广博地汲取学问，来维持自己的志向，切实地向他人请教并仔细地思考，是收敛放纵散漫之心的方法；心神安详意气沉稳，拥有深邃的智慧和沉稳的勇气，是成就大事业的要素。

和气迎人，平情应物。抗心希古，藏器待时。

——出自《围炉夜话》

释义

用祥和的态度去和人交往，用平等的心情去应对事物。用古人高尚的品格期许自己，守住自己的才能等待机遇的到来。

读书知典

围炉煮茶

围炉煮茶，是古人最好的冬日雅趣。入冬时节，邀上三五好友，围坐在红泥小炉边，生着暖烘烘的炭火，慢慢等着釜中咕咕的水沸声，温暖温馨宁静，正是闲话家常、探讨人生的好意境。若在夜晚，便更有了秉烛夜话、促膝长谈的意味。因此王永彬用"围炉夜话"为书名，意在将读者视为好友，讲起人生中平常而又深刻的感悟真言，从书名就带着一股浓浓的人间暖意。

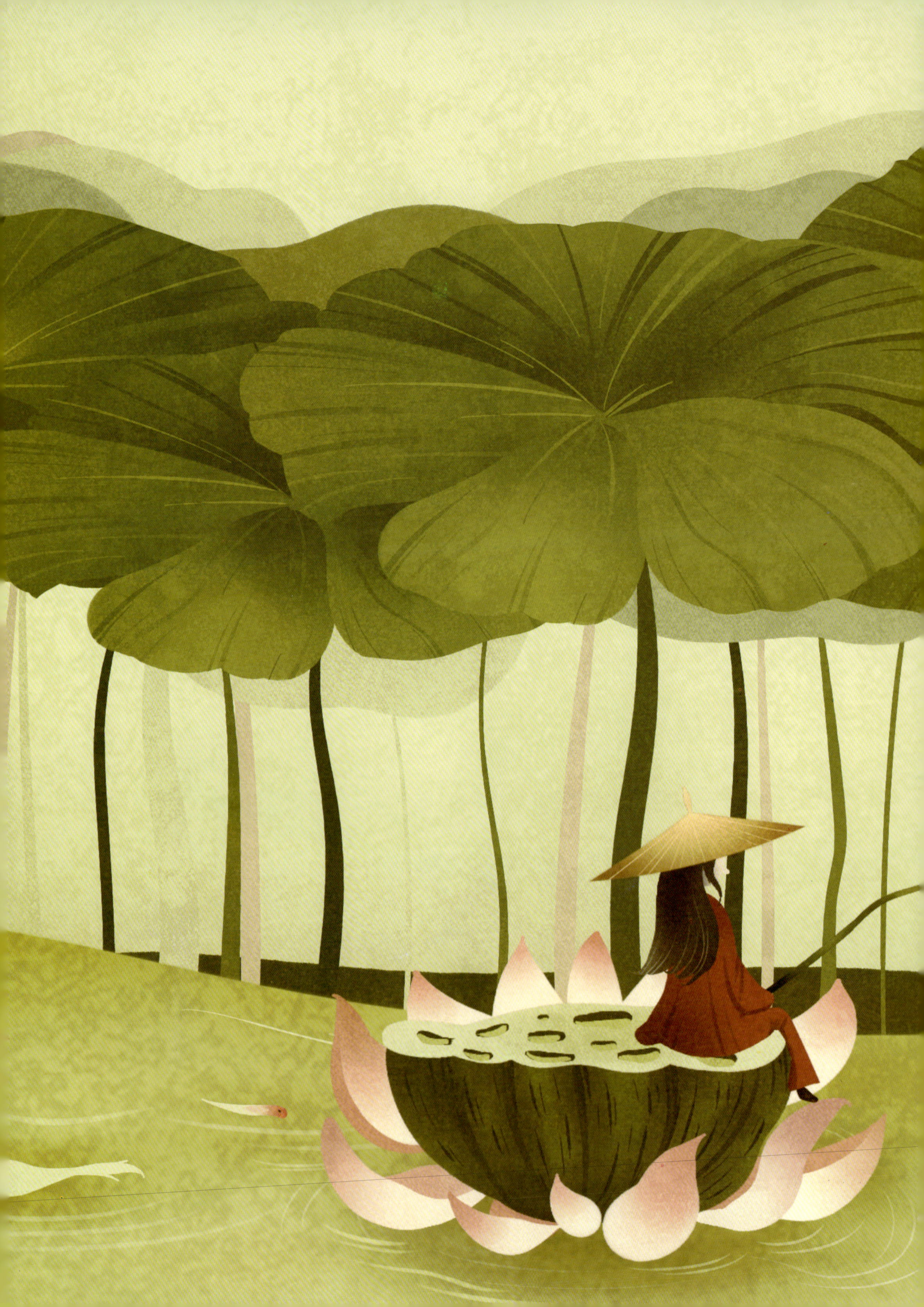

常识篇

古今溯源

我们日常生活中，经常接触到一些特定含义的词汇用语，虽然应用千百年，但古今意义已大有不同。需要我们更深入地了解、学习、继承和发扬，在此追本溯源的过程中，我们更能感受到千年国学文化的源远流长。

国学精粹

千 金

千金是指富贵人家的女孩子，现在也是对别人家女儿的一种敬称。可"千金"一词在古代最早是称呼男子的。古时的"金"指黄铜，当时黄铜很少，故千"金"难得。《南史·谢朏传》记载，谢朏幼时聪慧能赋诗，人称神童，其父谢庄爱之，当众抚其背道："真吾家千金"。后来，"千金"由称呼男子，改为专称女孩了。

润 笔

"润笔"是古时候稿费的笼统称谓。古代写文章的士大夫比较清高，耻于谈钱，非说不可时，也只称钱为"阿堵物"，意思是"那个东西"。"润笔"的说法起源于隋朝，《隋书·郑译传》中有一则故事：有一次，郑译为皇帝拟诏书，有人戏称他"笔干了"，郑译答："不得一钱，何以润笔？"此后，世人把稿费、书画酬金都称为"润笔"。

先 生

"先生"一词从字面上讲是指出生比自己早的人，最早见于《论语》，在先秦文献中，"先生"用来称老师、父兄、饱学之士等人，但最

主要的含义还是"古者称师曰先生"。正因为如此,孔子被后来封建各王朝尊称为"大成至圣先师"。到了元代,把道士也称作先生。

如今,"先生"已成为社会场合通用的礼貌称谓,不仅男子可以称作"先生",女子也可称作"先生"。有些女子也把自己的丈夫称为"先生"。在有些地方,也称医生为"先生"。

秘 书

秘书在古代是一种官职,掌管图书秘案之职,类似于现在的资料员。在秘书后缀上"令、监、丞、郎"等字样就是完整的官名。如汉代以来有秘书监、秘书郎,三国时期魏国有秘书令、秘书丞等。

新 闻

新闻,现在多指对国内外新近发生的事情所作的报道。在中国新闻史上,"新闻"一词最早源于北宋末年出现的小报,而小报大约起始于汉朝的邸报。当时西汉实行郡县制,全国分成若干个郡,郡下再分若干个县。各郡在京城长安都设有办事处,这个办事处叫作"邸"。各邸的办事人员定期将皇帝的谕旨、诏书、臣僚奏议等官方文书以及宫廷大事等有关政治情报写在竹简或绢帛上,派信史送给各郡长官。这些定期传送消息情报的信件被称为"邸报",也是中国最早的官方报纸。

到了宋代,由于新闻检查制度严格,而邸报的内容很有限,不能满足人们想要知道宫廷内幕消息和政治动态的需求。于是,在官方定本的邸报之外,非官方的小报便应运而生,新闻也随之产生。当时人们私下把这种小报叫作"新闻"。从此,"新闻"这个名词就与报纸联系起来了。

丈 人

"丈人"现在是指岳父。但在古代的含义非常多,在先秦到魏晋的文献中,丈人是老人的意思,因为老人有个标志性的物品——手杖,那时"杖"与"丈"二字相通,所以老人被称为"丈人"。古代亦有称老者和前辈为"丈人",女子亦称其丈夫为"丈人"。后来,由于词义范围的逐渐缩小,"丈人"专指岳父。

鸳 鸯

"鸳鸯"一词在现代专指情侣或夫妻,但在我国古代,最早是把鸳鸯比作兄弟的。以鸳鸯比作夫妻,最早出自唐代诗人卢照邻的《长安古意》一诗,诗中有"愿作鸳鸯不羡仙"一句,赞美了美好的爱情,使人感到新鲜。以后一些文人竞相仿效,于是"鸳鸯"就成了夫妻的代名词了。

民俗风尚

民俗是一个民族或社会群体在长期的生产实践和社会生活中逐渐形成并世代相传下来的文化事项。它不仅丰富着人们的日常生活，也凝聚着一个国家、民族、家庭的情感。它是深藏在人民的行为、语言和心理中的伟大力量。

国学精粹

三书六礼

"三书六礼"指的是中国古代婚嫁礼仪的程序。

"三书"指的是聘书、礼书和迎书。

聘书，即订亲书，男女双方正式缔结婚约，纳吉（订立婚约）时用。

礼书，即过礼之书，也就是礼物清单，书中详列礼物的种类和数量，纳征（送聘礼）时用。

迎书，即迎娶新娘之书，结婚当日接新娘过门时用。

"六礼"指的是婚嫁过程中的六个仪式，分别是：

纳采：男方请媒人带着礼物去女方家提亲。男方家备礼，通常以活雁作礼，表示忠贞不二。女方如不同意，便拒绝收礼。

问名：俗称"合八字"。男方家请媒人问女方的名字和出生年月日，并将女方的生辰八字放置在祖先灵案上观察，若家中平安无事，就把男方生辰八字送给女方。女方家把男方的生辰八字放置在佛像前，如果三日家中无事，便同意缔结婚姻。

纳吉：又称小定或文定，即订婚。男女双方在问卜过彼此生辰八字后，若双方家中都平安无事，男方备礼通知女方家，告知决定缔结婚姻。

纳征：亦称纳币、大聘或完聘，即男方正式送聘礼到女方家。

请期：又称择日，即男方确定婚期后，就将日期写在帖上，备上礼物通知女方家。女方家若收下礼物，说明女家同意这个婚期；若不收，只好另择婚期。

亲迎：到了结婚的日子，女方家摆"出嫁酒"，男方家中午摆喜筵。早晨，男方鸣炮奏乐发轿迎亲。女方父亲在门外迎接，带女婿去祠庙拜祭祖先，再迎新娘上花轿。迎亲队伍返回男方家，在快到门口时，要鸣炮奏乐相迎。

丧　葬

丧葬习俗指安葬和悼念死者时遵循的一整套礼仪制度，主要包括丧葬仪规、丧服制度、祭祀活动三个方面。

由于时代的不同、地域的差异及宗教等因素的影响，丧葬习俗也风格各异。

守灵：古人认为，人死后三天内要回家探望，因此一般人家要在"大殓"（死者入棺）的次日或人死后的第七日，官宦人家甚至在"七七"（49日）后或更长时间内，守护在灵柩旁。亲人怕灵魂在回家的路上迷路，会点一盏灯，放在亡灵旁边。为了不让灯熄灭，使亡灵找到家，家属便彻夜守在灵堂，保证那盏指路灯是一直燃烧，称之为"守灵"。

辞灵：出殡前一晚，死者的至亲好友来到丧家，在晚饭后祭奠烧纸，称为"辞灵"，而且要整夜留在丧家，俗称"伴宿"或"守夜"。

出殡：出殡当日清晨，撤去灵前所有供奉，"孝子"将"丧盆"摔碎，执领魂幡在他人搀扶下前导为死者引路，灵柩随后起行。出殡的队伍中还有相应的"仪仗"，包括铭旌、纸制冥器和用柳枝糊白纸做成的"雪柳"和祭幛等，以及沿途吹打的鼓乐班子。

祭奠：逝者下葬后第三天，家人要到墓地给新坟填土、祭奠，称为"圆坟"。逝者去世后每隔七天要有祭奠仪式，俗称"办七"或"烧七"，一般到"七七"而止。逝者去世后第一百天、周年的"整日子"、清明、七月十五等重要日子也要祭奠。

索引

B

八骏图 / 221
百家姓 / 10
百家姓的渊源 / 12
抱　朴 / 229
抱朴子 / 228
抱薪救火 / 123
彼一时，此一时 / 125
卞和献玉 / 73
兵不厌诈 / 191
兵学圣典 / 189
布衣暖，菜根香 / 235

C

采诗官 / 67
菜根谭 / 234
持躬（精选）/ 42
赤白囊 / 127
出尔反尔的故事 / 61
楚　辞 / 216
春秋笔法 / 97
春秋三传 / 88

D

大　学 / 46
大象无形之列子学射 / 157
待人接物，重信守礼 / 19
盗贼背书 / 29
得陇望蜀 / 129
弟子规（节选）/ 18
典故大全 / 39
东施效颦 / 163
董遇劝学 / 141
对仗与句法 / 31

F

伏羲画卦的传说（二）/ 83
伏羲画卦的传说（一）/ 81
浮阳之鱼 / 181
复　姓 / 11
赋、比、兴 / 65
富家兴业 / 24
覆巢之下安有完卵 / 131

G

格言联璧 / 40
古今史，全在兹 / 8
古今溯源 / 246
古圣贤，尚勤学 / 6

管　子 / 166
鬼谷四友 / 201
鬼谷子 / 198
鬼谷子下山 / 199
国　语 / 100

H

韩非子 / 202
韩诗外传 / 224
汉　书 / 124
何为家训 / 25
红马黑马 / 85
后汉书 / 130
狐死首丘 / 133
画鬼最易 / 205
画蛇添足 / 109
淮南子 / 218

J

嫉恶扬善，德行相长 / 20
既往不咎的故事 / 59
见微知著 / 203
见贤思齐的故事 / 55
见异思迁的典故 / 171
教　子 / 22
嗟来之食 / 75
金龟换粮 / 173
九方皋相马 / 197

涓蜀梁疑鬼 / 185

K

苛政猛于虎 / 77

L

老　子 / 154
乐不思蜀 / 143
礼　记 / 72
历史朝代歌 / 9
列　子 / 194
龙文鞭影 / 34
论　语 / 54
吕氏春秋 / 210

M

买缟灭鲁 / 169
买鹿制楚 / 167
蛮触之争 / 165
梅妻鹤子 / 231
蒙鸠为巢 / 183
孟　子 / 60
孟母三迁 / 5
秘　书 / 247
民俗风尚 / 248

幕天席地 / 239

N

那些易读错音的姓氏 / 13
囊萤映雪 / 7
女娲补天 / 223

Q

千　金 / 246
千金市马骨 / 111
千字文（节选）/ 14
青出于蓝 / 179
屈原之死 / 217
群蛆食体 / 87

R

人之初，性本善 / 4
芮良夫论荣夷公专利 / 105
润　笔 / 246

S

单　姓 / 10

塞翁失马 / 159
三纲八目 / 47
三国志 / 138
三人成虎 / 107
三书六礼 / 248
三字经 / 4
丧　葬 / 249
山园小梅·其一 / 233
商君书 / 208
尚　书 / 68
少女遇盗 / 187
舌存齿亡 / 241
审鸡蛋案 / 27
慎　独 / 53
声律启蒙 / 30
省心录 / 230
失之东隅，收之桑榆 / 135
诗　经 / 64
诗文用典 / 32
石室丹丘 / 237
史　记 / 116
嗜鱼拒馈 / 207
书法界的名帖 / 17
叔向贺韩宣子 / 103
熟悉韵脚 / 30
数典忘祖 / 91
说　苑 / 226
司马光诚信卖马 / 149
司马光伉俪情深 / 151
司马光至诚家风 / 147
四家诗 / 225
宋濂借书 / 19
孙子膑脚 / 193
孙子兵法 / 188

T

天文地理，包罗万象 / 15

W

围炉夜话 / 242
围炉煮茶 / 243
文王访贤 / 33
文治武功，各尽其能 / 17
吴下阿蒙 / 145
五子登科 / 5

X

徙木立信 / 209
先　生 / 246
小窗幽记 / 238

新　闻 / 247
修身养性，以史为鉴 / 16
学问（精选）/ 40
学习有方，志存高远 / 21
荀　子 / 178

Y

一国三公 / 93
一诺千金 / 121
一曝十寒的故事 / 63
一夜白发成就千古文章 / 15
一字千金 / 211
疑邻盗斧 / 195
用　典 / 37
有教无类的故事 / 57
鹬蚌相争 / 115
鸳　鸯 / 247
越俎代庖 / 161
晏子春秋 / 174
晏子使楚 / 177

Z

曾国藩家书 / 26
曾子避席 / 49
糟糠之妻不下堂 / 137
战国策 / 106
张仪"无中生有"骗楚王 / 155
丈　人 / 247
召公谏厉王止谤 / 101
整　家 / 22
诤　友 / 21
织锦回文 / 33
掷地有声 / 32
中　庸 / 52
中国豆腐创始人 / 219
朱子家训 / 22
著述为谏 / 227
庄　子 / 160
资治通鉴 / 146
子承父业 / 117
子罕辞玉 / 95
尊俎折冲 / 175